U0879245

YILIANG DILI

彝良地理

李 琳 姚 萌 / 编著

中国环境出版集团 · 北京

图书在版编目（CIP）数据

彝良地理 / 李琳, 姚萌编著. -- 北京 : 中国环境出版集团，2025.3

ISBN 978-7-5111-5187-2

Ⅰ. ①彝… Ⅱ. ①李… ②姚… Ⅲ. ①地理一彝良县 Ⅳ. ①K927.44

中国版本图书馆CIP数据核字(2022)第115321号

本书中插图的地理底图现势性为2023年。

审图号：昭通S（2025）5号

责任编辑 孟亚莉
封面设计 岳 帅

出版发行 中国环境出版集团
（100062 北京市东城区广渠门内大街16号）
网　　址：http://www.cesp.com.cn
电子邮箱：bjgl@cesp.com.cn
联系电话：010-67112765（编辑管理部）
发行热线：010-67125803 010-67113405（传真）

印　　刷 北京建宏印刷有限公司
经　　销 各地新华书店
版　　次 2025年3月第1版
印　　次 2025年3月第1次印刷
开　　本 787×1092 1/16
印　　张 8.25
字　　数 160千字
定　　价 70.00元

前言
PREFACE

地理教育的特殊性是使学生具备社会主义核心价值观、区域发展观与高尚情怀等核心素养，这是新时代地理教育的重大任务。如何完成这一任务？其重要的路径和方法是开发利用相应的课程，通过社区活动和中学综合实践活动课进行实施。《中国学生发展核心素养》、《中华人民共和国乡村振兴促进法》、“中学地理课程标准”和《地理教育国际宪章》，均系统阐述和规定了现代公民应该具有的基本地理知识和素养可以通过乡土地理的教学和活动来掌握和培养。

云南省彝良县，一个镶嵌在滇东北乌蒙山区的瑰宝，其自然风光与人文故事构成了地理教育的理想范本。彝良县实现精准脱贫与乡村振兴，提高全民生活质量与全社会文明进步，很大程度上取决于多个因素，包括干部的觉醒和能力、民众的意识和素养、社会的包容和互助等。为了达成此共识，我们需要一座“立交桥”，即认识家乡、了解家乡、热爱家乡。

《彝良地理》在此背景中孕育而生，它不仅是一部自然风光的赞歌，更是社会进步与乡村振兴的生动实践。全书分为五章：第一章，第一部分自然环境的描绘，让读者仿佛置身于洛泽河畔，感受垂直气候下高原山地的丰富生态与人文交织；第二部分行政沿革的叙述，则揭示了彝良在历史洪流中的定位与变迁，为理解其当前发展奠定基础。第二章，人与自然和谐相处的探讨，强调了可持续发展的紧迫性，提醒我们要以智慧与敬畏之心与自然共舞。第三章，是彝良县脱贫攻坚与乡村振兴战略的关键篇章，展现了产业多元化如何激发地方潜力，提升民生福祉，启发读者知道产业重要性和产业建设希望。第四章，是对灾害的警醒，是未雨绸缪的智慧，强化忧患意识，确保家园的长久安宁，重视减灾意识培养。第五章，为人居环境畅想与建设。

《彝良地理》不仅是知识的汇编，更是一个关于家乡情感与责任的启示录。它鼓励我们以彝良为例，思考个人与家乡的关联，激发内心的乡愁与责任感。全书内容设计上，兼顾理论与实践，既适合中学教学使用，也可作为社区推广乡村振兴理念的实用工具，促进公众参与和学习。

我们诚邀每位读者，不仅是知识的接受者，更是乡土情怀的传播者。在学习《彝良地理》的过程中，我们期待每一位学生、教师乃至普通民众，都能在心中种下一颗热爱家乡、建设家乡的种子，让知识的光芒照亮彝良乃至更多乡土的未来之路。同时，我们也欢迎所有读者对书中不足之处提出宝贵意见，共同促进知识的完善与传播，携手迈向更加和谐、可持续的明天。

本书由李琳总体设计。参加编写的单位有：云南师范大学，彝良县委、县政府，彝良县一中等。参加本书编写的人员有：李琳、林海月、黄梦婷（第一章、第二章、第三章）；姚萌、文珊（第四章）；沈瑞琪、郭政乾、贾川江（第五章）。全书由李琳、姚萌、沈瑞琪统稿，李琳定稿。云南师范大学地理学科课程与教学论 2019 级和 2020 级硕士研究生，以本书为载体，进行项目式学习，并在学习过程中帮助整理资料，在此一并表示感谢。

李 琳

2023 年 3 月

目录
CONTENTS

1

YILIANG DILI

第一章 环境的状况与改变

滇国以北，洛泽河畔。

垂直气候笼罩着高原山地，蜿蜒河流润泽着此间万物。

将军故里，十镇五乡。

劳动人民汗洒红色沃土，乡村振兴期冀美好未来。

这里就是我亲爱的家乡——彝良。

第一节　自然环境

图 1-1-1　地理景观

问题

观察图 1-1-1，哪两幅是彝良景观？你能说出彝良的自然环境特征吗？

一、滇东北的乌蒙山区

彝良县位于我国西南边陲的云南省东北部乌蒙山区，隶属昭通市，东邻镇雄县、威信县，西邻昭阳区、大关县，北接盐津县、四川省，南连贵州省。大部分位于东经 103° 51′ ～ 104° 45′、北纬 27° 16′ ～ 27° 57′（图 1-1-2 ～图 1-1-3）。

图 1-1-2　云南省地理位置

图 1-1-3　彝良县地理位置

活动 1-1-1　描述家乡的位置

1. 查找几幅地图，向你的学习伙伴讲述你的家乡在哪里？（提示：讲述尽可能详细，可加上自己的观察，讲到乡镇、自然村等行政单元）

2. 填写一张快递单，将你的快递件准确无误地寄到家中。

二、千崖万壑的崎岖地貌

彝良县地处云贵高原北部边缘斜坡地带，地形切割密度大，山峰林立，峡谷遍布，地势险峻，自西南向东北倾斜。全县最高海拔是和昭通市接界的韭菜坪丫口，海拔 2 780 米，最低是白水江河谷，海拔 520 米，相对高差 2 260 米，县城驻地角奎海拔 800 米。全县山地、河谷相间分布，属中高山深切割侵蚀地貌[①]（图 1-1-4）。

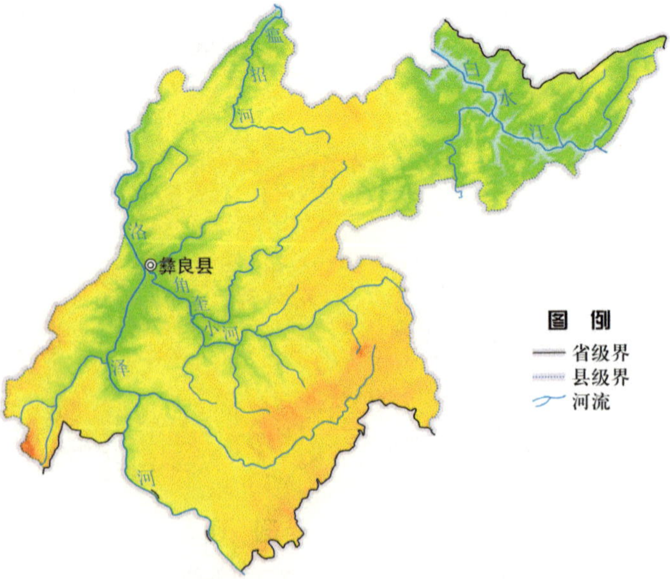

图 1-1-4　彝良县地形图

① 资料来源：《彝良县矿产资源总体规划（2016—2020 年）》。

彝良区域的地貌类型主要有河谷、二半山（此类山一半具有河谷地带的气候特征，一半具有高寒山区的气候特征，故称为“二半山”）和高山。境内山脉为乌蒙山、五莲峰支系。全县有 272 座山（包括山峰），海拔 2 000 米以上的山有 126 座。最矮的山位于县境西部的梁子山，海拔 900 米。

活动 1-1-2 探究彝良地形特点

1. 绘制图 1-1-4 中西南端至东北端剖面线上的彝良县地形剖面图（注：地形剖面图的取点数应大于 15 个，原则上只要地形图上存在色差的点都应该取）。

2. 通过阅读彝良县地形图等相关资料，概括彝良县地形特点。

三、蜿蜒曲折的河流

彝良县河流众多，有洛泽河、白水江两大过境河流和小干溪、朱家沟、发达河等一级支流。县境内有大小河流 150 多条，径流面积大于 50 平方千米的河流有 17 条，分布于全县区域内；水库有 33 座，其中中型水库有 2 座，小一型水库有 6 座，小二型水库有 18 座，电站水库有 7 座；蓄水 1 万立方米以上的塘坝有 18 座，灌溉面积 1 000 亩[①] 以上的渠道有 14 条，均属于长江水系。由于均发源或流经乌蒙山区，因此河流深切，V 形谷地、跌水—深潭广布，河床组成物质较粗，水道分支和弯道众多（图 1-1-5）。

图 1-1-5 彝良县水系图

① 1 亩 ≈ 666.67 平方米。

在 110 条中小河流中有 2 条主要河流被列入市级河长制管理，分别是洛泽河、白水江；县、乡（镇）、村三级河湖体系全面建立，设置县级河长 19 名，乡（镇）级河长 45 名，村级河长 163 名。

活动 1-1-3　认识河流与河长

1. 在彝良县水系图上指出洛泽河、白水江，并尝试找出流经你家乡的河流。
2. 说一说河长的工作内容。

知识窗

推行河长制，筑梦幸福河

2007 年，无锡太湖蓝藻暴发，造成了严重的社会影响，迫使无锡当地政府开始寻找治理水污染的新模式，即河长负责本河流域的安全，特别是生态安全管理制度，这就是河长制的雏形。之后，这一政策逐渐在我国其他地区传播。以 2008 年为例，江苏太湖流域的苏州等地，浙江长兴、云南昆明、河南周口、辽宁全境以及河北邯郸等地陆续推行了河长制。2016 年年底，习近平总书记主持召开的深改组第 28 次会议通过了《关于全面推行河长制的意见》。该意见指出，到 2018 年年底前，全国将全面建立河长制，标志着河长制从地方实践上升到国家行动。

根据《云南省河湖“清四乱”专项行动方案》《云南省河长制办公室关于进一步细化实化各级河长职责工作的通知》《昭通市全面贯彻落实湖长制实施方案》等文件精神，坚持以督促问题整改为着力点，推进各县组织实施“清四乱”专项整治、河长清河、水域岸线保护、水污染防治、河湖联合执法等专项行动，全力抓实河流治理保护工作。彝良县出台了落实水利部“全国河湖采砂专项整治行动”等五大专项行动实施方案的一系列制度文件，为做好白水江水域及其他河流保护工作提供了制度支撑。

四、差异明显的垂直气候

彝良县属中亚热带季风气候，年平均气温 13.4℃（县城 17℃），多年平均降水量 960.7 毫米，雨量多集中于 5—10 月，占年降水量的 93.6%以上，相对湿度 72%，日照时间 1 320.3 小时。彝良县四季及月均气温、降水量和相对湿度见图 1–1–6 至图 1–1–8。

彝良县县域范围内气候差异显著。“钟鸣—龙安—三道”一线，海拔 1 600 ～ 1 800 米，是明显的气候分界线。其以北属亚热带大陆性季风气候，以南属温带季风气候。西南部高温少雨，日照较多，东北部多雨潮湿，日照较少。

彝良县地形复杂，地势由西南向东北倾斜，高差悬殊，气候垂直变化显著，按照地貌特征、气温与降水状况将其划分为河谷中亚热带类型区、矮二半山北亚热带类型区、一般山南温带类型区、二半山中温带类型区、高寒山北温带类型区（图 1–1–9）。概括来看主要分为低热河谷区、温暖平坝或半山区、高寒区三种温度带类型。

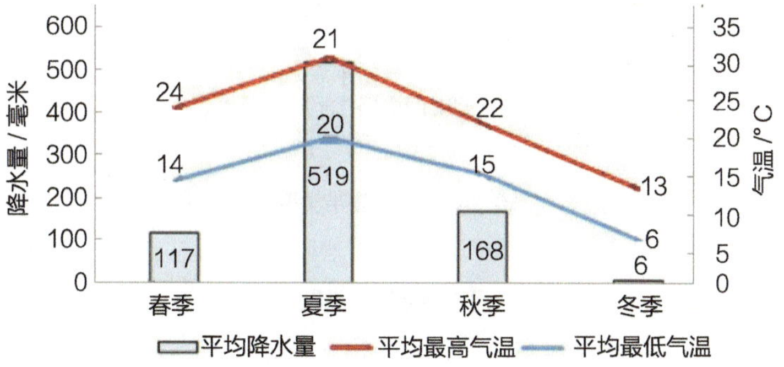

图 1–1–6　彝良县四季气温和降水量

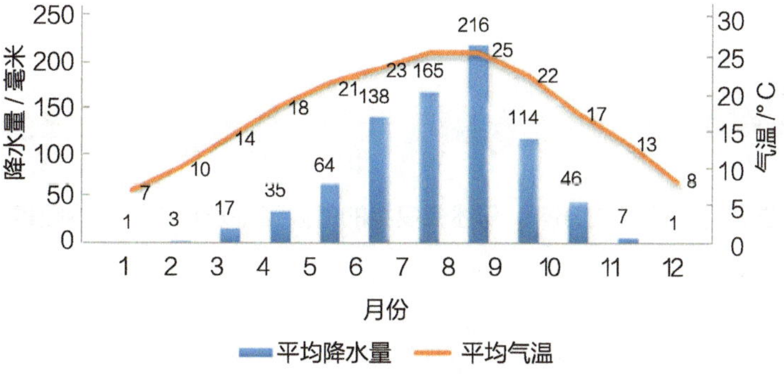

图 1–1–7　彝良县月均气温和降水量

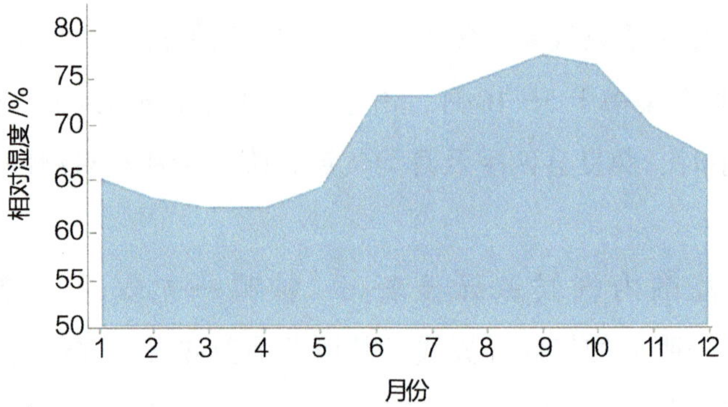

图 1-1-8　彝良县月均相对湿度

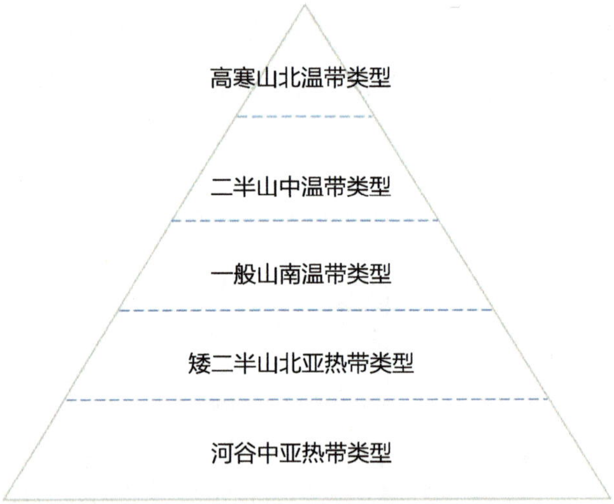

图 1-1-9　彝良县气候垂直分布示意图

探究 1-1-1

选择适当的图文资料，简述彝良县的气候特征及其主要影响因素。

知识窗

彝良县不同镇的气候特征

龙街苗族彝族乡，受亚热带冬季季风气候影响，全年雨水充沛，气候湿润，“春凉、夏暖、秋冷、冬寒”的气候特征十分明显。

奎香乡，年平均气温 11℃，年平均降水量 780 毫米，无霜期仅 196 天，属典型的高寒山区乡镇。

海子镇，年平均气温 16.5℃，年均日照 1 218 小时，年降水量 980 毫米，无霜期约 265 天，垂直气候明显，是一个典型的高山低温潮湿、河谷干燥风大、春冬干旱、夏秋多雨的山区镇。

龙安镇，垂直气候特征明显，属亚热带季风气候，是典型的山区镇。

牛街镇，地处亚热带，年平均气温 14.7℃，6—8 月均温 23.3℃，年降水量 1 136.8 毫米，无霜期 280 ~ 310 天，年日照 863.4 小时。

龙海镇，境内大部分地区海拔高、温差大，垂直气候突出，雨水充沛，气候湿润多雨，年平均气温 9.8℃，年平均降水量 1 100 毫米。全镇常年寡照多雾，气候潮湿，素有“雾乡”之称。

五、丰富多样的土壤植被

（一）土壤的类型与分布

彝良县的土壤类型有黄壤、黄棕壤、棕壤、紫色土、黑色石灰土和水稻土 6 种。其中，黄壤最多，占土地总面积的 38%，水稻土最少，占 1.39%。此外，有亚类 10 个，土属 23 个，耕地土种 45 个，自然土种 17 个。土属多，适宜多种农作物生长（图 1–1–10）。

图 1–1–10　黄壤景观

彝良县的土壤分布也具有垂直地带性特征。

黄壤分布在海拔 1 100 ～ 1 800 米地带；黄棕壤分布在海拔 1 800 ～ 2 300 米地带；棕壤分布在海拔 2 300 米以上地带；紫色土主要分布在矮二半峡谷及河谷地区；黑色石灰土分布在一般山区；水稻土分布在海拔 1 600 米以下地带[①]。

知识窗

土壤剖面

土壤剖面是指从地面向下挖掘所裸露的一段垂直切面，深度一般在 2 米以内。通常由人工挖掘而成，供观察和研究土壤形态特征用。因修路、开矿或兴修水利设施显露的土壤垂直断面称自然剖面。

表 1-1-1 和图 1-1-11 分别是乌蒙山自然保护区小草坝某地的土壤剖面观察记录表和图片[②]。

表 1-1-1　乌蒙山自然保护区小草坝某地土壤剖面

调查日期 :2021 年 5 月 21 日	剖面编号 :08 号	观察地点：小草坝保护片后河	地形：下坡
纬度 :27° 90'01"	经度 :104° 71'59"	海拔高度 :1 248 米	坡向 :225°
坡度 :27°	土壤名称：黄壤	母质：残积物	母岩：石英砂岩
植被：原始常绿与落叶阔叶混交林	土地利用现状：林地	侵蚀情况：弱	调查人：王平、张燕、李伟、徐宗彪等 6 人
土壤特征及其自然状况综合描述 :A 层 :17 厘米；0i 层 :3~4 厘米 ;0ii 层 :1~2 厘米；总盖度 :94%；乔木层盖度 :82%；土体厚度 (*h*):78 厘米；主要乔树种：华木荷、水丝梨、硬斗石栎等；灌木层优势种：以筇竹为主			

发生层	采样深度 / 厘米	颜色	质地	结构	松紧度	干湿度	根系	新生体	侵入体	pH	碳酸盐反应
A	0~17	暗灰 5Y 4\1	壤土	团粒状、团块状	疏松、较紧实	湿	多量		无		无
AB	17~31	淡黄棕 10YR 7\6	黏土	中 - 大块状	较紧实	湿	多量 - 中量	腐殖质集聚体、根孔	无		无
B	31~78	淡黄 2.5Y 8\3	黏土	中 - 大块状	较紧实	湿	中量	腐殖质集聚体、根孔	无		无
C	78 以下	黄 2.5Y 8\6	少砾质黏土	中 - 大块状	较紧实	湿	少量 - 无		少量半风化碎屑		无

① 文献来源：彝良县土地利用总体规划（2010—2020 年）。
② 云南师范大学，王平，《乌蒙山自然保护区 08 号土壤剖面观察记录表》。

图 1-1-11　乌蒙山自然保护区小草坝的植被与土壤剖面

（二）植被的类型与分布

彝良全县林业用地面积 153 443.0 公顷，森林覆盖率为 25.75%。植被覆盖主要以栽培植物、阔叶林、针叶林及灌丛等为主（图 1-1-12 和图 1-1-13）。植被资源（如森林、竹林及药材）开发潜力较大。

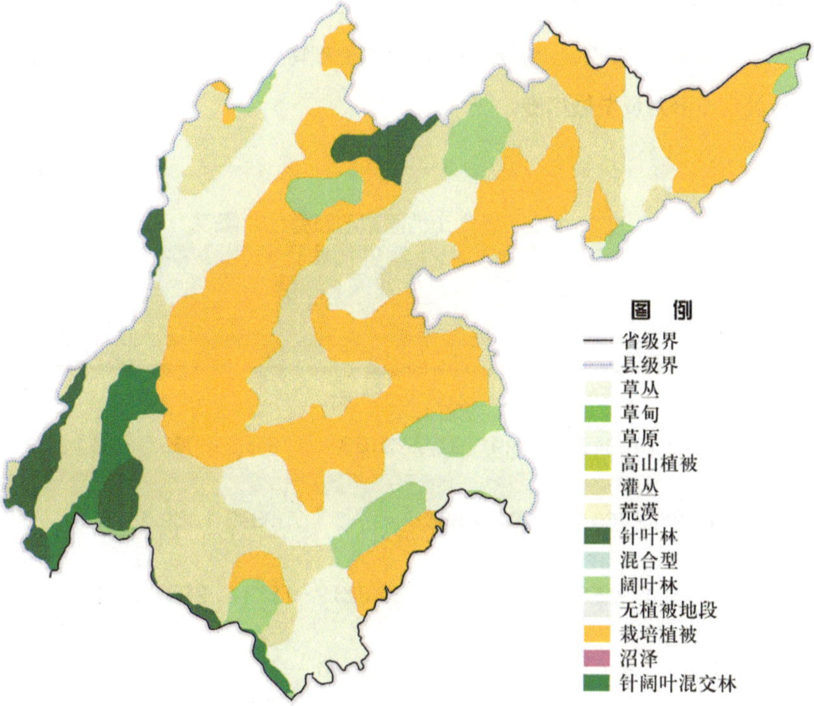

图 1-1-12　彝良县的植被分布

图 1-1-13　彝良县植被景观

活动 1-1-4　“植被与土壤”研学

1. 结合知识窗的相关内容，设计一次你家或学校附近有关“植被与土壤”的研学活动，注意观察思考，绘制出植被与土壤之间的关系图。

2. 根据表 1-1-2，分析归纳彝良县的植被特点，并选择一种生物资源，浅析其开发潜力及发展措施。

表 1-1-2　各类土地面积动态变化对照表

年度调查	总面积 / 公顷	林地									
		合计 / 公顷	乔木林地 / 公顷	经济林 / 公顷	竹林 / 公顷	疏林地 / 公顷	灌木林地 / 公顷	未成林造林地 / 公顷	苗圃林 / 公顷	无林地 / 公顷	非林地 / 公顷
1987 年	280 400.0	135 899.7	20 334.2	1 493.9	1 987.5	2 023.2	77 856.3	4 069.6	12.1	28 122.9	144 500.3
2008 年	280 400.0	153 443.0	63 160.0	2 799.3	2 586.0	—	75 982.9	1 169.6	6.1	7 739.1	126 957.0
前后期差	0	17 543.3	42 825.8	1 305.4	598.5	-2 023.2	-1 873.4	-2 900.0	-6.0	-20 383.8	-17 543.3
净增率 / %	0	12.91	210.61	87.38	30.11	-100.00	-2.41	-71.26	-49.59	-72.48	-12.14

数据来源：吴彦奎，胡文萍．彝良县森林资源调查与发展建议 [J]. 内蒙古林业调查设计 ,2014,37(3):20-23，33.

第二节　行政沿革

“话说天下大势，分久必合，合久必分。”斗转星移，沧桑巨变。彝良置县前，名称曾为易娘、益良、易良、益梁、夷良，几度变更，最后于清雍正六年（公元 1728 年）定名为彝良，因古代属芒部子孙易良领地得名。

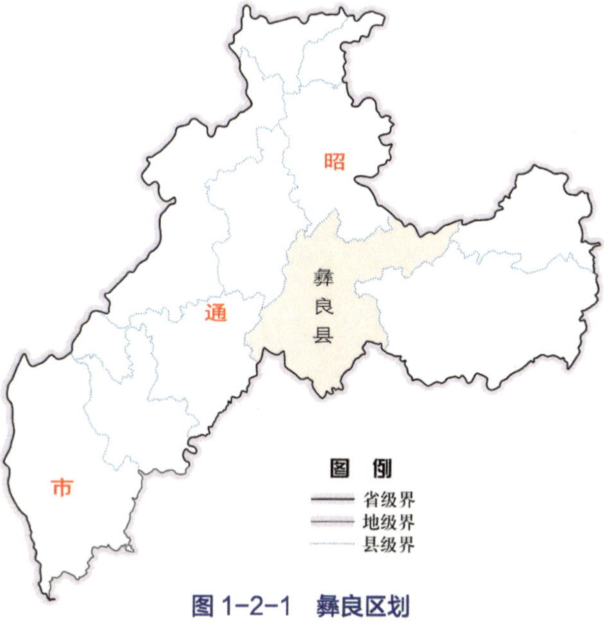

图 1–2–1　彝良区划

一、历史沿革

在漫长的历史长河中，彝良行政区一直在更迭。1922 年开始隶属昭通。1950 年 4 月彝良解放，建立彝良县人民政府（图 1–2–1 和图 1–2–2）。

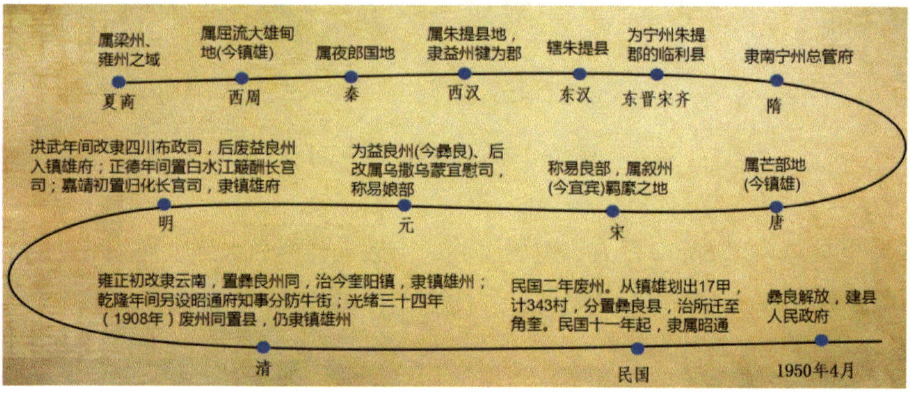

图 1-2-2　彝良县历史沿革

讨论

结合图 1-2-2，查阅相关资料，陈述彝良县不同历史时期的行政隶属情况。

二、行政区划

彝良县辖牛街、洛泽河、海子、荞山、龙安、两河、钟鸣、小草坝、龙海 9 个镇，柳溪苗族乡、洛旺苗族乡、龙街苗族彝族乡、奎香苗族彝族乡、树林彝族苗族乡 5 个民族乡，下设 137 个村（居）委会，2 939 个村（居）民小组。2021 年，云南省人民政府同意昭通市人民政府的请示，设立角奎街道和发界街道。

图 1-2-3 彝良县行政区划

彝良全县总人口 63.22 万人，世居汉族、苗族、彝族、水族、回族等 21 个民族，有少数民族乡 5 个，少数民族人口 9.03 万人，占全县总人口的 14.27%。

三、未来发展

彝良县“十四五”发展定位[①]：基本建成以天麻为重点的全省高原特色农业产业示范区，以小草坝旅游为主的全省旅游和康养休闲目的地，以硅资源开发为主的西南片区硅产业发展原料供应基地，以硅质新材料、铅锌、煤化工为主的全省重点化工片区，全市融入长江经济带、成渝双城经济圈大通道新节点。

① 彝良县人民政府办公室. 彝良县人民政府关于印发彝良县国民经济和社会发展第十四个五年规划纲要的通知 [EB/OL].[2021-04-06].http://www.cnyl.gov.cn/contents/1423/195753.html.

活动 1-2-1　我为家乡自豪，家乡为我骄傲

1. 在图 1-2-3 中指出你家所在的乡镇，并向同学们简要介绍你的家乡。

2. 参观罗炳辉纪念馆。完成下列任务：

今天的彝良，是在中国共产党的领导下，彝良人民用双手和汗水建设而成。生活在美好年代的我们，感受到家乡的巨大变化，将来面对人生选择时，你将选择怎样的道路？利用下面的示意图进行你的人生规划。

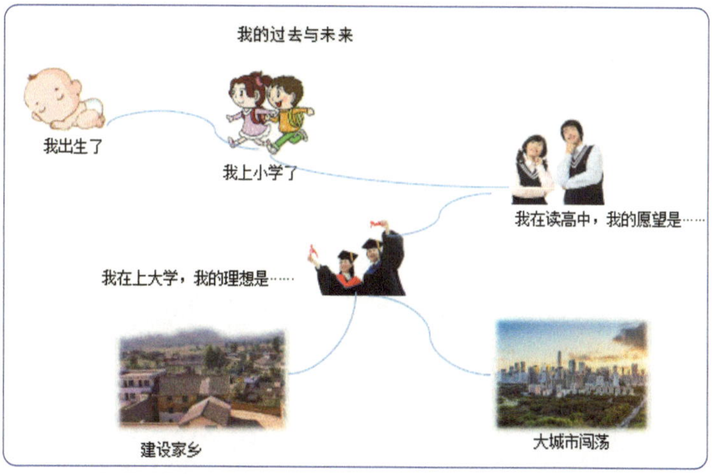

知识窗

罗炳辉——从奴隶到将军

罗炳辉（1897.12.22—1946.6.21），男，汉族，出生于云南省彝良县。1915 年入滇军当兵，因作战勇敢升至营长。1922 年参加了讨袁护国战争、东征战争和北伐战争。1929 年 7 月秘密加入中国共产党，同年 11 月在江西吉安领导靖卫大队士兵起义，参加中国工农红军。曾任中华

苏维埃共和国中央执行委员。率部参加广昌保卫战，并护送北上抗日先遣队出征。

抗日战争时期，罗炳辉先后以副参谋长和副司令员的名义在武汉从事统一战线工作以及开辟皖东抗日根据地。1946 年解放战争爆发，罗炳辉任新四军第二副军长兼山东军区第二副司令员，领导枣庄战役。同年 6 月 21 日，在山东临沂病逝并安葬于临沂。新中国成立后，罗炳辉被中央军委认定为解放军 36 个军事家之一。毛泽东评价他是“正派耿直”“在滇军中是革命的”“战争经验丰富，有军事才能，很会打仗”的战士。

YILIANG DILI

第二章

人类的生存与繁衍

生存与繁衍是人类永恒的主题。

彝良的一山一水、一土一矿构成了彝良县人民生存与繁衍的基础。让我们一起回顾，勇敢坚毅的彝良儿女如何与大自然和谐共处。

第一节　资源利用与转变

问题

老郭几十年来日出而作，日落而息，耕种着自己的一亩三分地，收获的农作物刚刚够吃，日子过得紧紧巴巴。现在，他的家乡修路建厂、开矿挖煤，还建了农场，专门种植烤烟、大蒜。老郭将自家的部分土地出租，留下一部分种菜。他在农闲时去农场或企业打点零工，一年下来还存了些钱，他觉得现在的日子过得很舒适。

图 2-1-1　种植烤烟

图 2-1-2　小发路煤矿

老郭家的生计发生了怎样的改变？

一、资源类型与利用

自然资源是指自然界中一切能被人类利用的物质和能量，包括土地、矿产、水、生物、海洋以及气候等资源（图 2-1-3）。

彝良县可供利用的自然资源以土地、矿产、水和生物资源为主。

图 2-1-3　资源类型

（一）土地资源利用

2009 年，彝良县的土地规划用途及分类调查数据显示，彝良县土地总面积为 279 880 公顷。其中，农业用地面积 267 751 公顷，建设用地面积 5 302 公顷，其他土地面积 6 827 公顷。彝良县的地貌格局特征决定了土地利用类型的复杂性和多样化特点，耕地以山区为主，园地和林地也集中于山区；建设用地主要分布于山区，坝区建设用地占比较低（图 2–1–4）。

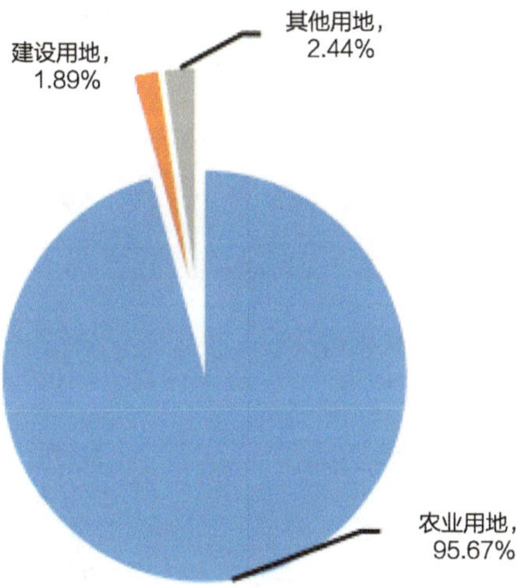

图 2–1–4　彝良县土地资源结构

（二）矿产资源利用

彝良县矿产资源较为丰富，煤炭、铅锌矿、硅质原料（硅石、天然石英砂）储量较大（图 2–1–5），已初步建成昭通市重要的铅锌矿生产基地和煤化工基地，形成了包括能源（煤炭）、煤化工、有色金属（铅锌）、建材等在内的一套完整的工业体系。

图 2–1–5　矿产资源类型

2007年，全县共有矿山企业176个。其中，中型1个、小型89个、小矿86个。彝良县矿产资源分布零散，充分考虑矿产资源特点、勘查程度、开发利用现状、矿山地质环境保护等因素，彝良县现有4个重点矿产开采区，如表2-1-1所示。随着经济发展方式的转变，矿业要落实健康可持续发展，离不开绿色矿山建设。当下经济增速趋缓，矿业进入深度调整期，绿色矿山是矿业转型升级的必然选择。结合国家绿色矿山建设的要求，建立完善分地域、分行业的绿色矿山标准体系，大力倡导绿色勘查，按照绿色矿山标准推进新建矿山设计和建设，加快老矿改造升级，推动绿色矿山建设。

表2-1-1　彝良县重点矿产开采区

名称	所在行政区	面积 / 平方千米	主要矿产
彝良县钟鸣麻窝石英岩开采区	钟鸣镇	26.7	硅石
彝良县牛街镇花果煤矿开采区	牛街镇	76.68	煤
彝良县毛坪铅、锌、煤矿开采区	毛坪村	76.85	铅、锌、煤
彝良县龙街铅、锌矿开采区	龙街乡	67.4	铅、锌

（三）水能资源利用

彝良县水电资源理论蕴藏量为86.76万千瓦，可开发量为34.725万千瓦。共规划电站197座，年发电量193 755万度。县内较大规模的水电站有彝良县洛旺电站、彝良县宏能电站和彝良县两河乡龙洞河电站。

（四）生物资源利用

彝良县的特色优势生物资源主要有天麻、竹笋、竹木、马铃薯、花椒、核桃等（图2-1-6），这些特色优势生物资源的种植和销售给彝良县带来了巨大的收益，是当地人民增加收入的重要途径。

图 2-1-6　彝良县生物资源

部分彝良县生物资源种植情况如表 2-1-2 所示。

表 2-1-2　部分彝良县生物资源种植情况

种类	分布	产量 /（吨 / 年）	产值 / 亿元
天麻	小草坝、龙海、两河、龙安、钟鸣、荞山	13 460	13.0
竹笋	小草坝、龙海、两河	26 420	1.479 5
马铃薯	奎香、树林、龙街	52 000	0.52
花椒	角奎、荞山、洛泽河、钟鸣、海子	2 500	1.25
核桃	角奎、荞山、洛泽河、钟鸣、海子	9 300	1.85

二、资源利用模式与改变

2020 年 5 月 17 日，彝良县正式退出贫困县序列。这与经济的不断发展和资源利用模式的转变密切相关。

彝良县传统上是“资源—产品—污染排放”单向流动的线性模式，具有高开采、低利用、高排放的特点。随着经济的发展，资源“瓶颈”日益突出，需要从数量型增长转变为质量型发展。生态文明倡导的是与环境和谐共处的资源利用循环模式。它要求把资源利用组织成一个“资源—产品—再生资源—再生产品”的反馈式流程，其特征是低开采、高利用、低排放。

彝良县各类资源利用模式转变的具体表现如图 2-1-7 所示。

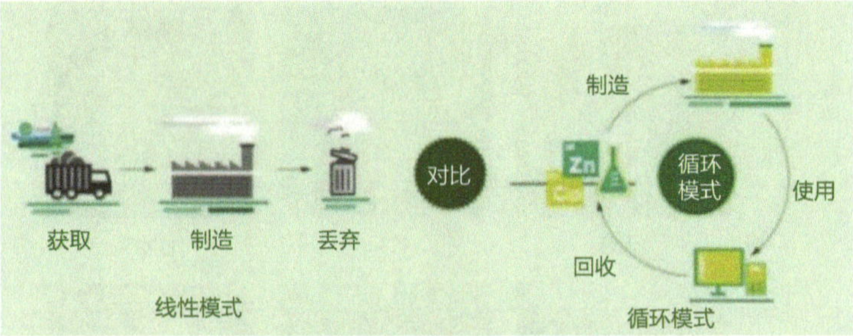

图 2-1-7　线性模式和循环模式

（一）土地整治 + 产业融合共生模式

彝良县土地资源丰富，利于农作物生长，但长期以来均以精耕细作的小农种植为主，荒草地与未利用土地较多。基于这种情况，结合国家政策形势，彝良通过土地整治改善土地自然条件，释放闲置低效用地，为产业融合发展奠定土地基础，提高土地与产业效益。比如，进行生猪、活鱼与山羊养殖，打造特色重要项目基地，提高土地的输出能力；因地制宜利用林地，打造核桃、竹木、菌类、花椒等特色基地，促进土地与产业的深度合作，形成共生系统。

阅读

彝良县两河镇的“凤羽鸡”以肉质筋道、鲜美爽滑、营养丰富为特色，在当地小有名气。多年前，11 个返乡青年共同成立了合作社，利用当地得天独厚的自然资源，开始发展林下土鸡养殖，后来在合作社的基础上成立了农业开发有限公司。2019 年 11 月，在彝良县委、县政府的关心和支持下，小草坝镇长发村和太河村村民小组建成了占地 25 亩的屠宰深加工厂，是全省规模较大、现代化程度较高的活禽屠宰厂。深加工厂于 2020 年 10 月试生产，全面投产后全年可生产 3 840 万瓶鸡肉酱和辣子鸡，实现产值 6 亿元。屠宰深加工全部建成投产后，可辐射带动全县 15 个乡镇发展生态土鸡林下养殖产业，可带动 2 万户贫困人口持续稳定增收，平均每户年收入 3 万元以上。

目前，“凤羽鸡”生产基本打通了“脱温—养殖—屠宰—深加工—销售”的全产业链，未来将持续创新谋发展，更大范围地带动更多群众深入推进农业产业特色化、绿色化、品牌化发展，努力在乌蒙山区巩固脱贫攻坚成果、助力乡村振兴战略中作出更多更大的贡献。

图 2-1-8 “凤羽鸡”产品生产过程

（二）矿产资源利用模式

县域内的很多矿都属于共生矿，同时存在多种类型的矿藏，因此在开采过程中应注意对各矿藏类型的综合利用，充分发挥共生矿的利用价值。此外，品位相对较低的贫矿，需要加大技术研发力度，实现有效利用。

县政府在依托资源优势、整合生产要素后，以资源开发和精深加工为重点，形成园区内外产业互补、区域联动的发展格局，着力构建“一园五区”的空间布局：一园即彝良工业园，五区即铅锌碳素产业区、硅产业区、生物医药（天麻）产业区、农特产品产业区和物流产业区，“五区”的战略思路如图 2-1-9 所示。对于传统的煤炭开采，通过技术更新，改进设备，深挖煤炭效益，改建、扩建煤矿达 20 余个。此外，投资新建近 20 个矿产与其他资源项目，延长产业链，促进原料的综合使用，提高资源利用率。

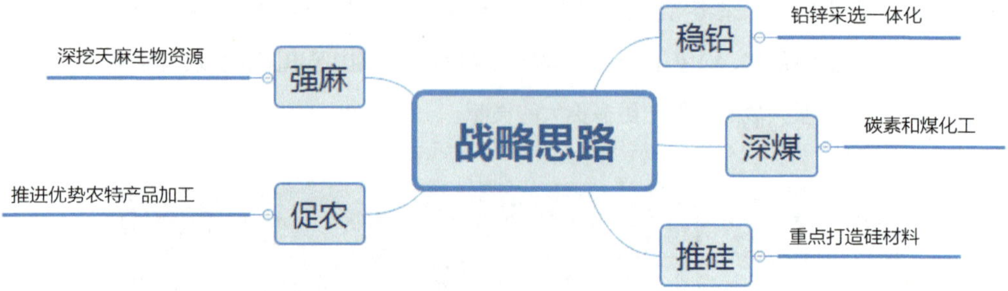

图 2-1-9　彝良县“五区”战略思路

（三）提高水资源利用率模式

县域内水能资源较丰富，河流多，径流量充沛，相应地规划了诸多电站与水库。根据实际使用情况，截至 2005 年，水利化程度仅为 7%，仍没有一个 110 千伏变电站，有水而无用，人水矛盾较大。

“十三五”以来，新续建大小水库 10 个，灌区治理、节水与流域治理工程 14 个，给周边民众生活与生产用水带来了极大便利，提高了水资源利用率，促使水资源利用向可持续方向转变。

（四）生物资源的多元特色培育模式

彝良县委、县政府将天麻产业作为“一县一业”推动脱贫攻坚的主要产业进行培育，引进了“世彭汇”“好医生”等 6 家知名企业落地彝良，开发天麻产业，并与中国医学科学院等科研院所进行战略合作，打造天麻新兴产业集群，相继启动了小草坝天麻国际交易中心、好医生双乌天麻产业园、大彭庄园等重点项目建设。建成了天麻科技示范园、山益宝天麻精深加工厂以及中国首个天麻博物馆。

此外，彝良也因地制宜地打造了特色天麻小镇、小辣椒产业、花椒产业、竹叶产业、小草坝生态旅游区、小草坝金竹农业、自然景观旅游特色村等，充分挖掘当地资源，实现一物多用，打造多元经济。

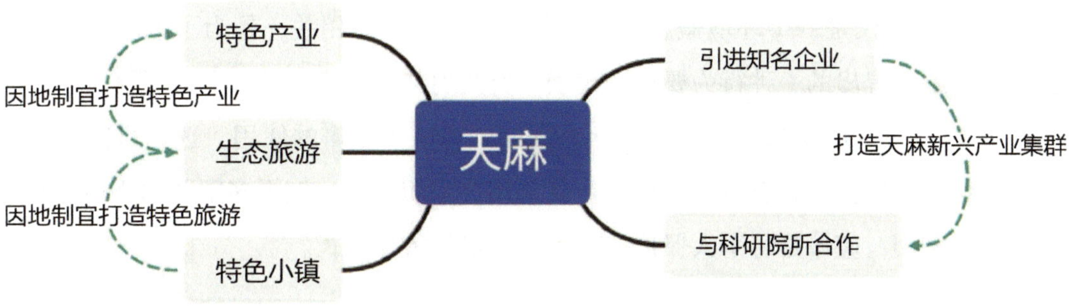

图 2-1-10　彝良县生物资源战略思路（以天麻为例）

活动 2-1-1　如何利用资源

1. 与同学相互探讨，家乡的土地、矿产、水能、生物等资源有没有为你的家乡带来可观的收益？在乡村振兴的大背景下，请评价这些资源的开发条件，并提出可持续发展的建议。

2. 参观本县的某一家企业，如众生、山益宝生物科技有限公司等，绘制思维导图来表示企业与社会的联系，并与同学交流你的看法。

三、建立可持续发展生活方式

习近平总书记提出的“绿水青山就是金山银山”的理念，推动建设人类命运共同体的目标，旨在为实现联合国 2030 年可持续发展目标贡献中国智慧与中国力量。可持续发展是指既满足当代人需求，又不损害后代人满足其自身需求的能力，其核心是以公平达到资源利用与社会发展的双赢局面。

可持续发展的三大原则如下。

①公平性原则：可持续发展是一种机会、利益均等的发展。包括本代人之间的公平、代际间的公平和资源分配与利用的公平。

②持续性原则：人类经济和社会的发展不能超越资源与环境的承载能力。

③共同性原则： 地球的整体性和相互依存性决定全球必须联合起来，各国可持

续发展的模式虽然不同，但公平性原则和持续性原则是共同的。

可持续不仅是一个环境概念，它还与人类生活息息相关，是为了解决当下的社会环境问题所提出的一种行为要求，代表人类实现共同构建美好未来的理想。

我们倡导要从观念落到行为实处。例如，为减少塑料的使用，选择可降解的环保餐具代替一次性塑料餐具；使用可重复利用的编织袋等。使更多闲置的资源循环起来，加以利用，应该是每个人保护地球生态环境的重要方式。

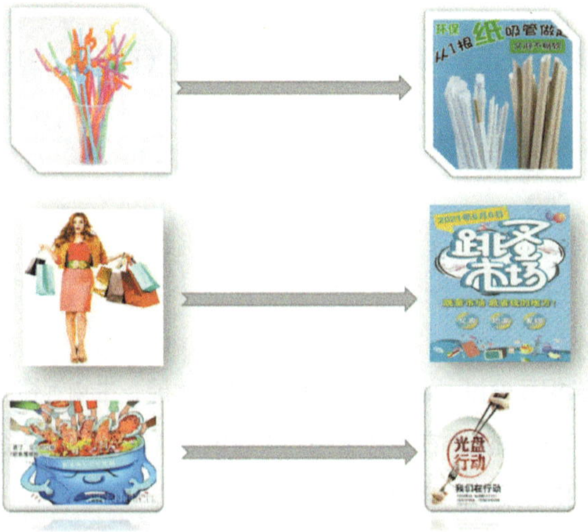

图 2-1-11　可持续生活方式的转变

活动 2-1-2　征集 10 个“可持续生活方式”

面对全球化的社会挑战，满怀对未来的无限期许，“可持续生活方式”征集活动开始了，最潮最酷的可持续生活方式，将由我们全新定义！请大胆地说出你心目中认为最有意义、最酷、最潮的可持续生活方式。

同学 A：“断舍离”。不买不需要的东西，处理掉家里闲置的东西，改掉乱买东西的习惯。

……

关于“可持续生活方式”，你有好主意吗？快来分享你的想法吧。

第二节　人口及其变迁

图 2-2-1　各民族携手前行

问题

彝良县是少数民族自治县吗?

一、共同生活的“家人”

（一）多民族杂居的县域

彝良县是一个多民族杂居的县域（图 2-2-2），各个不同文化的民族聚在一起构成了独特的民族风情。少数民族人口占全县总人口的 14.27%，其中以苗族、彝族、水族占比较大。各民族无论大小、人口多少，一律平等，共同走上脱贫致富的道路。

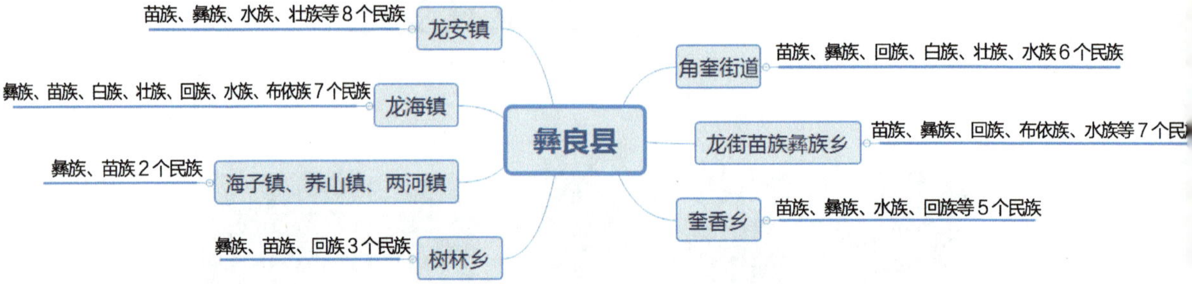

图 2-2-2　彝良县少数民族分布

（二）集中于河谷的分布

人类从诞生开始，就在选择和优化自己的居住地。有的地区人口居住很密集，有的很稀疏。随着人口数量的增长和生产力的发展，人类认识与利用自然的能力越来越强，生产分布和人口分布的领域越来越广，人口密度也相应发生变化。把人口的数量、密度和经济条件结合起来，便能发现人口分布规律。例如，有些地区人口过密，劳动力过剩，就业发生问题；有些地区人口过稀，劳动力不足，资源得不到充分开发，影响经济发展。因此，衡量一个国家、一个地区人口分布是否合理，人口密度是否适当，应该参考在一定社会历史时期以及一定生产力条件下，其自然资源和人口资源的结合程度和利用程度。

探究 2-2-1

分析彝良县人口分布特点及其影响因素

1. 探究彝良县人口分布的特点。
2. 说明影响彝良县人口分布的主要自然因素。

小贴士

在分析彝良县人口分布特点时，我们还可以借助地理信息技术软件开展数据探究。下载91卫图助手软件，快速获取彝良县数字高程模型（Digital Elevation Model，DEM）的高程数据（图2-2-3），读取彝良县各乡镇所在地的海拔高度，同时也可以借助三维视图（图2-2-4），直观清晰地判读各乡镇所在地的大致地貌形态。查阅各乡镇的总面积与人口数量，分别计算出人口密度，综合分析便可以大致了解彝良县人口分布状况，判断出人口分布特点。

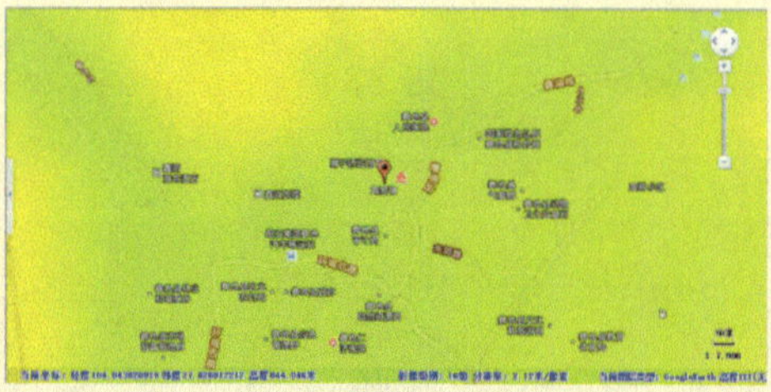

图2-2-3　彝良县角奎街道DEM高程数据

图2-2-4　彝良县角奎街道三维视图

（三）人口结构与发展

人口的发展受社会政治、经济的制约，同时它又对社会发展起促进作用或延缓作用。21世纪以来，彝良县户籍总人口稳中有变，男性比例和少数民族人数微增长，大学文化程度人口快增长，城镇化率和第三产业快增长，但是还处于较低水平的状态，见表2-2-1。

表 2-2-1　彝良县人口情况

项目		第五次人口普查（2000 年）	第六次人口普查（2010 年）	第七次人口普查（2020 年）
常住人口 / 人		477 811	521 838	503 376
男女比例		1.119	1.106	1.120 8
少数民族比例 /%		13.83	13.67	14.27
学历情况 / 人	大学（指大专及以上）文化程度	2 150	10 269	26 363
	高中（含中专）文化程度	11 792	19 334	29 489
	初中文化程度	42 969	91 174	122 346
	小学文化程度	236 612	333 456	257 080
产业结构	第一产业占比 /%	—	27.18	27.83
	第二产业占比 /%	—	43.38	31.31
	第三产业占比 /%	—	29.44	40.86
城镇化率 /%		6.48	6.83	26.79

活动 2-2-1

人口金字塔图是用类似古埃及金字塔的形象描绘人口年龄和性别分布状况的图形，可以表明人口现状及其发展类型。人口金字塔分为增长型、稳定型和缩减型三种类型。（增长型：年轻人口组占比较大，从最低年龄组到最高年龄组依次逐渐缩小，塔形下宽上窄。稳定型：除最高年龄组外，其余各年龄组人口相差不多，扩大或缩小均不明显，塔形较直。缩减型：年轻人口组有规则地逐渐缩小，中年以上各组比重较大，塔形下窄上宽。）

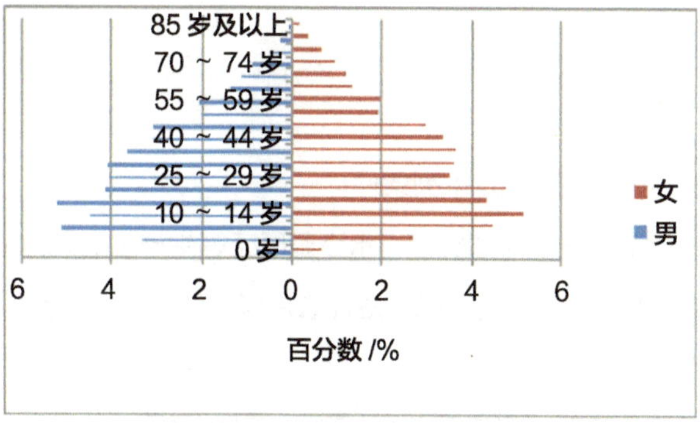

图 2-2-5　彝良县人口金字塔

1. 根据图 2-2-5，判断彝良县的人口金字塔类型，并简述判断依据。

2. 根据表 2-2-1 和图 2-2-5，从性别、年龄、城乡等方面归纳彝良县的人口结构特点。

3. 根据彝良县人口金字塔类型，讨论彝良县人口发展应该注意的问题（基本策略）。

二、人口的迁移

彝良人口的迁移分迁出和迁入两大类型，也称为“离巢”与“归巢”。影响彝良人口迁移的因素有很多，主要原因为易地扶贫搬迁、外出务工、“进贤用能”“打道回府”等。

（一）“离巢”

近些年，彝良县较大规模的人口迁移主要是易地扶贫搬迁和外出务工两种“离巢”。

1. 易地扶贫搬迁

“精准扶贫易地搬迁”与“易地扶贫”和“易地扶贫搬迁”同义，指将生活在艰苦生存条件地区的贫困人口搬迁安置到其他地区，并通过改善安置区的生产生活条件、调整经济结构和拓展增收渠道，帮助迁移的人口逐步脱贫致富。

易地扶贫搬迁的居民需同时具备以下三个条件：一是生活在“一方水土养不起一方人”地方的；二是本人愿意搬迁的；三是农村建档立卡的贫困人口。

阅读

迁出地划定区域应满足下列条件：

1. 土地贫瘠、人地矛盾突出、水资源匮乏等生产生活条件恶劣，通过就地就近帮扶促进生产或就业仍无法让农户脱贫的区域，重点是贫困程度相对较深的贫困村；

2. 生态环境脆弱，属于重度或中度的石漠化地区；

3. 地震活跃带，地质灾害多发、易发区；

4. 易渍、易涝湖区及低洼区；

5. 属于县域内水源保护区、生态保护区核心区域等主体功能区的限制开发区或禁止开发、不宜开发的区域；

6. 地理位置偏远，交通、水利、电力等基础设施和教育、医疗等基本公共服务落后，严重制约区域发展，并且延伸基础设施和公共服务的成本高于易地扶贫搬迁成本的区域；

7. 农村危房改造任务特别重且其中建档立卡贫困户无房户和 D 级危房存量大的行政村；

8. 县域内其他需要搬迁的区域。

彝良县易地扶贫搬迁安置规模很大。2016—2019 年，共建成安置点 42 个（图 2-2-6），陆续将 11 463 户人家从不适宜居住的地方，搬迁至安置点（表 2-2-2），人们的居住环境得到改善，居住安全得以保障。

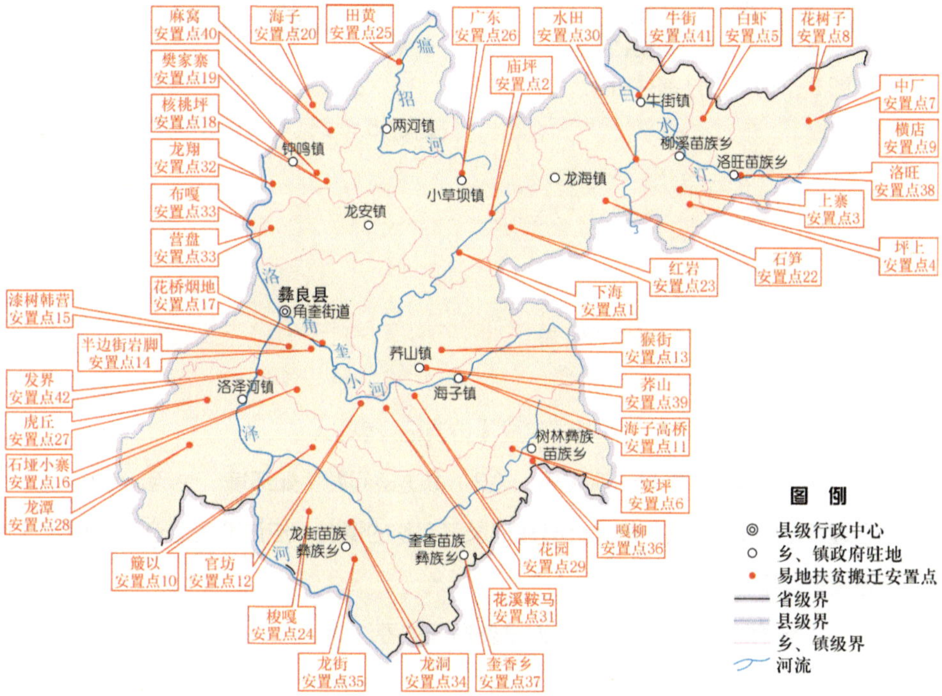

图 2-2-6　易地扶贫搬迁安置点

表 2-2-2　彝良县计划搬迁安置人数

年份	计划搬迁安置人数	建档立卡户	同步搬迁数
2016	2 314 户　10 215 人	1 342 户　5 905 人	972 户　4 310 人
2017	753 户　3 363 人	680 户　3 079 人	73 户　284 人
2018	1 125 户　4 932 人	1 091 户　4 767 人	34 户　165 人
2019	7 271 户　33 602 人	6 638 户　30 719 人	633 户　2 883 人

图 2-2-7　搬迁前住房

图 2-2-8　发界安置区

[接收 15 个乡（镇）5 630 户 25 725 人]

活动 2-2-2　调查易地搬迁点居民生活变化

1. 实地走访某个安置点，完成《访谈记录表》。

提示：（1）学习访谈技巧；（2）拟访谈问题（如环境、生活、工作、心理等方面）；（3）可能会出现记录不完整的情况，应该准备录音和照相等设备备用。

2. 结合上述活动，谈谈你对扶贫搬迁的看法。

<table>
<tr><th colspan="7">访谈记录表</th></tr>
<tr><td>访谈者</td><td></td><td>访谈时间</td><td></td><td>访谈地点</td><td colspan="2"></td></tr>
<tr><td rowspan="2">被访谈者信息</td><td>姓名</td><td></td><td>职业</td><td></td><td>年龄</td><td></td></tr>
<tr><td>搬迁前住址</td><td colspan="2"></td><td>搬迁后住址</td><td colspan="2"></td></tr>
<tr><td>拟访谈的问题</td><td colspan="6"></td></tr>
</table>

访谈记录表	
访谈记录	
记录要点整理	

2. 外出务工

精准扶贫下的劳务输出促进了农业和农村社会经济的发展。一方面，大量农村剩余劳动力向非农产业和城镇转移，缓和了紧张的人地关系，为农业生产采取规模经营创造条件；另一方面，农民工从资金、技术、管理知识和意识观念等方面对农业生产和农村发展进行“反哺”，为农业和农村的发展提供新动力。

县委、县政府广泛联系发达地区，组织贫困户剩余劳动力外出打工，短时间内迅速解决贫困户收入偏低的问题。

（二）“归巢”

“归巢”取决于良好的就业、医疗、教育、生活条件和投资环境等。

由于历史等原因，彝良县大量的贫困劳动力文化水平较低，大量劳动力闲置在家，而且劳动力老龄化日趋严重。

针对这一突出问题，彝良县引进广东等发达地区的企业进村投资办厂，大力发展电子装配等劳动密集型企业。这一系列举措带动了村民实现就近、就地就业，拓宽了贫困户的增收渠道。例如，2019 年，彝良县奎香乡奎阳村电子扶贫车间主要是通

图 2-2-9　扶贫车间

过“企业＋车间＋贫困户”的模式进行建设和运作。扶贫车间的建立不仅给贫困户提供了就业机会，也让企业履行了更大的社会责任，推动企业发展。近些年，彝良县建立了多个扶贫车间，解决了农户尤其是贫困户的就近就业问题，以及迁得出、稳得住、能致富的问题。

外出创业的彝良青年人，为了改变家乡贫穷落后的面貌，学成归来，返乡创业，也成为一种人口迁移趋势。例如，11 位年轻人学成后回村里成立了土鸡养殖合作社，吸引了大批年轻人回乡就业。

外地人口流动进入彝良建厂、经商等，定居下来，也是一种人口迁入方式。例如，彝良山益宝科技有限公司是从外地引进的企业，该企业主要经营竹笋、天麻、山野菜的收购、加工、销售、罐头生产、固体饮料加工等，其快速运营发展，吸引了很多县内外劳动力定居彝良。

活动 2-2-3　讨论“家人归巢”问题

1. 讨论“家人归巢”的含义和意义，并向政府提出“家人归巢”的建议和措施。

2. 分析彝良县劳动力迁移对彝良的影响。

3

YILIANG DILI

第三章

产业建设与品牌打造

一滴水，可以容纳万象世界；

一粒土，可以承载大千梦想。

在乌蒙山区，有一方风光秀丽的原生态宝地，有一个悄然巨变的西部农业县，这里是投资兴业的优选之地。

在“精准扶贫，乡村振兴”的道路上，彝良县正迈开步伐，奋力建设独具特色的高山农业，打造别具一格的工业经济亮点。

第一节　产业建设

活动 3-1-1

2013 年以前，老李和媳妇、两个儿子依靠种植马铃薯、玉米、水稻和养殖生猪维持生活，一年到头除去日常生活开支就没了余钱。

自打响“脱贫攻坚战”以来，村里免费送育苗，进行技术培训。老李和媳妇根据自家土地的特点，又额外种植果蔬，养殖生态河鱼和黑山羊。瓜果蔬菜、猪羊河鱼由村里统购统销，不愁卖。大儿子通过村里的就业培训，在市里找到了合适的工作，小儿子到县里的煤矿挖掘工地干活。2019 年，老李家存上了钱，打算把房子翻修一下，两个儿子的婚事也提上了日程，日子过得一天比一天舒心。

通过阅读以上小故事填写下表，并说一说老李家生活条件日益改善的原因有哪些？

时间	收入来源	家庭情况
2013 年之前		
2013 年之后		

一、产业与产业建设

产业是生产物质产品的集合体，包括农业、工业、交通运输业等部门。它们的经营方式、经营形态、企业模式和流通环节有所不同，但是，它们的经营对象和经营范围是围绕着共同的产品而展开的，并且在各个行业内部完成各自的循环，以保证产品质量。行业之间密切协作，形成产业链以保证生产流畅，具有较强的竞争力。

产业建设需要依据自然资源与社会资源，因地制宜地合理布局产业、深度开发产业链、打造特色产业，能为农民创造更多就业和增收的机会。这种产业帮扶是精准脱贫和乡村振兴过程中提高贫困人口自身发展能力的有效手段和措施之一。

经过多年建设，彝良县农业产业与工业产业初具规模，特色产业发展前景光明。

阅读

产业帮扶，增强造血功能

安徽林海园林有限公司重点实施产业扶贫。通过“公司 + 基地 + 农户”的发展模式，重点实施产业扶贫，带动周边 4 个乡镇 1 000 多农户（其中贫困户 139 户）从事花卉苗木种植。种植面积达 2.75 万亩，吸纳贫困就业人员 37 人，帮助 139 户农民脱贫，为当地经济发展和助力脱贫攻坚作出积极贡献。

2017 年以来，林海公司利用金融扶贫政策，通过贫困户所在村合作社，按照自愿的原则，与当地 112 户贫困户签订投资入股脱贫协议，贫困户通过农商行每户贷款 5 万元入股公司，公司承诺为他们增加每年保底分红不低于 3 000 元的稳定收入。公司利用贫困户小额贷款等资金共投资 1 260 万元，扩大生产经营规模，实施“北美海棠新品种示范推广”“林下经济培育和套种”两个项目，投资建设花卉良种培育基地、生态种植基地、水产品开发等综合经营项目，保证了脱贫户的经济收入。

同时，针对和县西埠镇传统农业模式效益低下、农村土地撂荒严重的情况，林海公司立足当地，主动与当地政府合作，流转土地 4 100 余亩，投资建设 1 400 余亩花卉苗木基地、2 000 余亩经济林基地。2018 年，林海公司支付农民流转土地租金 146 万元，村民人均流转土地 3 亩，年人均增加收入 2 100 元。土地流转不仅降低了农民经营风险和生产投入，而且帮助农民普遍增收，尤其是给失去劳动力的贫困家庭带来了生活的曙光。

二、农业产业建设

彝良县自然条件复杂，导致农业生产具有高度的地域性和季节性，产业建设具有立体性、季节性强的特点。

（一）“垂直气候”造就“立体农业”

彝良县地处乌蒙山区，海拔较高，山体垂直差异大，气候特点十分突出。彝良县因地制宜地合理发展农业，形成了独具特色的生态农业。缓坡和平坦的低热河谷区，土层深厚，水土不易流失，适宜发展水稻、蔬菜、花椒等种植及其加工产业；温暖平坝或半山区，雨量适中，光、热、水充足，适宜发展玉米、核桃、花椒、板栗等种植及其加工产业；高寒区种植的农作物必须具有耐寒、抗旱、抗病能力，因此适宜发展药材、竹子等产业；天麻、马铃薯和养殖业不受海拔高度影响，三种“立体气候区”都可发展（图 3-1-1）。

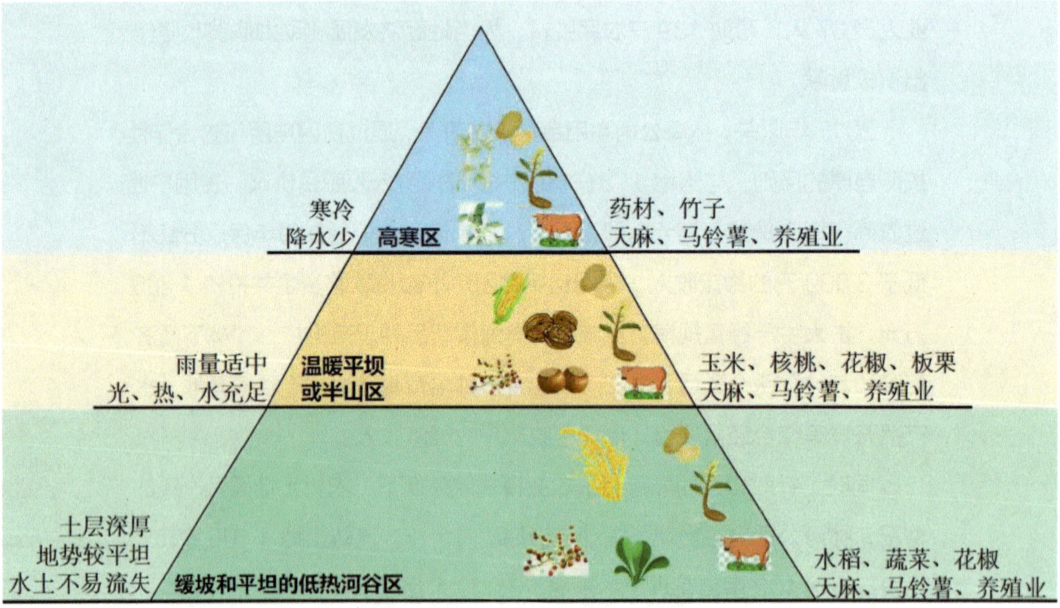

图 3-1-1　彝良县立体农业

（二）农业发展方向初转变

精耕细作、自给自足、商品化程度低是彝良县以往农业耕作的特点。这样的传统农业耕作方式只能满足农民较低的需求，无法促进脱贫。

阅读

农业产业化

农业产业化是以市场为导向，以经济效益为中心，以主导产业、产品为重点，优化组合各种生产条件，实行区域化布局、专业化生产、规模化建设、系列化加工、社会化服务、企业化管理的一种现代化经营方式和产业组织形式。在此过程中形成了种养加工、产供销、贸工农、农工商、农科教一体化经营体系，使农业走上自我发展、自我调节的良性发展轨道。实质上，这是对传统农业进行技术改造、推动农业科技进步的过程。这种经营模式从整体上推进了传统农业向现代农业的转变，是加速农业现代化的有效途径。

由图 3-1-2 可知，彝良的第一产业增加值自 2012 年开始呈上升态势。这是彝良因地制宜，积极发展高山特色农业，进行农业产业化经营的结果。

图 3-1-2　2012—2019 年彝良县第一产业增加值及增长速度

1. “一村（镇）一品”

“一村（镇）一品”是指在一定区域范围内，以村或镇为基本单位，以市场为导向，充分发挥本地资源优势，通过大力推进规模化、标准化、品牌化和市场化建设，使一个村（或几个村）、一个镇拥有一个（或几个）市场潜力大、区域特色明显、附加值高的主导产品和产业，形成品牌优势和产业集群，并以此带动农村区域经济发展的一种新型模式。

彝良县依据“一村（镇）一品”的原则，结合自身发展优势，因地制宜地确定本地最适宜发展的农业类型，见图 3–1–3。

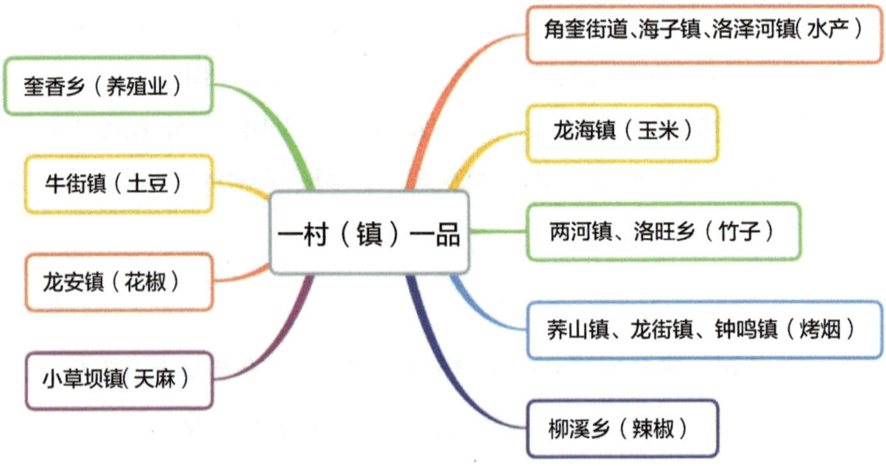

图 3–1–3　一村（镇）一品

2. “企业＋合作社＋农户”

现代农业需要现代化的生产组织方式。采用“企业＋合作社＋农户”模式，即“企业引领、合作社带动、农户抱团”。这样的生产模式既连接了国内外大市场，又将企业、合作社和农民结成了“命运共同体”，克服了过去一家一户抵御市场风险能力脆弱、产品影响力不大等弊端，为农业新技术、新品种的推广普及提供了广阔平台和有力支撑，为实现产销一体化、规模化、专业化和集约化，探索出一条市场化推动脱贫攻坚的新路子（图 3–1–4）。例如，彝良县龙街乡龙街村发展果蔬产业，与本地农业科技公司合作，果蔬部分供给学校做营养餐，还销往县城及周边乡镇和市区批发商，同时也在种植基地零售批发。合作社通过整合土地资源、进行技术培训、定制收购等方式带动农户增收，农户在技术员指导下种植无公害果蔬。

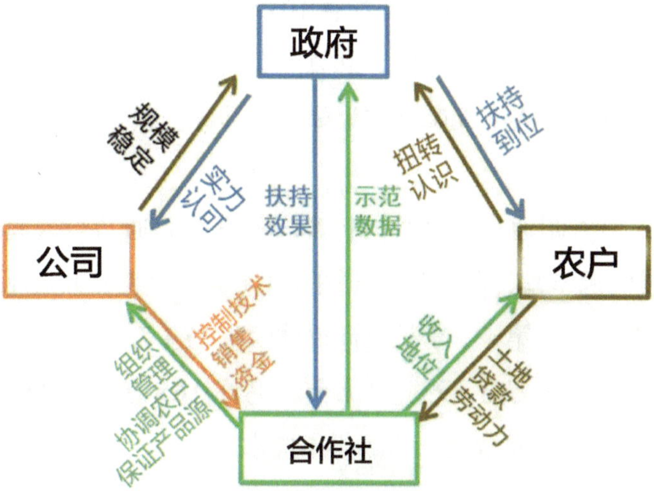

图 3-1-4　农业产业化经营模式

（三）代表性农业特色产业

为助推全县脱贫攻坚，彝良县因地制宜，依托资源优势，大力发展天麻、竹子、马铃薯、烤烟、花椒、畜牧等特色产业。

1. 天麻产业

彝良县作为“天麻之乡”，是国家标准《地理标志产品　昭通天麻》（GB/T 19776—2008）的核心区，也是全国天麻产业大县之一。天麻出在昭通，而昭通天麻又以小草坝天麻闻名。小草坝天麻是大自然赋予彝良的“宝藏”，其个大、肥厚、饱满、半透明，质实无空心，素有“云天麻”之称。

图 3-1-5　天麻

近年来，为做大做强天麻产业，彝良县把天麻作为脱贫攻坚、农民增收致富的支柱产业和拉动县域经济发展的重点产业进行培育。县政府坚持以小草坝天麻资源为依托，以市场为导向，以科技创新为动力，以龙头企业为载体，以示范园为链接，以交易中心为平台，以野生种质资源保护和“两菌”实用技术推广为核心，采取“公司 + 协会 + 农户 + 基地”的产业化发展模式，促进天麻产业可持续发展。据统计，2018 年，彝良县天麻种植面积 3.68 万亩，发展菌材林 10.05 万亩，年产鲜天麻 1 114.05 万公斤，实现产值 19.18 亿元，天麻产量占全国天麻总产量的 10%，为农民人均创收 3 814 元，覆盖农户 14 037 户 49 231 人。天麻已成为彝良最具特色和开发潜力的农特产业。

2. 竹产业

彝良竹笋是云南省昭通市彝良县的特产。彝良是昭通乃至云南的主要竹笋和竹材产地之一，竹类资源丰富，品种繁多（图 3–1–6）。彝良县共有禾本科竹亚科植物 12 属 30 种，位居全昭通市第一。全县累计竹林面积 17.1 万亩 (天然竹林 10.5 万亩)，其中方竹 12 万亩、水竹 1 万亩、筇竹 3 万亩、毛竹 0.65 万亩、其他竹类 0.45 万亩。年产竹笋 6.5 万吨，竹笋质量优良，市场供不应求。

图 3–1–6　竹子

近年来，彝良以创建小草坝竹子产业园区为核心，以彝牛路为主线、小草坝镇为中心，全力打造生态竹产业经济带，全面促进竹子提质增效。采取“公司 + 工厂 + 基地 + 合作社 + 农户”的发展模式发展竹产业，充分依托昭通筇竹笋“笋中之冠”、方竹笋“笋中之王”和“中国筇竹之乡”的美誉，高质量发展彝良竹产业，完善科技支撑体系建设，推广普及笋用竹的高效经营管理技术和材用竹的开发利用技术，做大做强彝良竹子产业集群。加强招商引资力度，引进新技术、新工艺、新设备，促进技术改造，加速传统企业转型升级，实现提档进位，不断增强企业竞争力。彝良县发挥竹林资源禀赋，深层挖掘彝良竹文化，加强竹簧雕刻、竹席、竹屏、竹瓶等竹制工艺品的开发，加强以竹笋为特色的食品深加工；坚持“生态优先、绿色发展”理念，以竹造园，以竹为景，全力打造生态旅游精品线路和精品农产品，推动“以二促一带三”的全产业链发展。

3. 马铃薯产业

彝良垂直气候明显，一年四季均可种植马铃薯，从高寒山区到江边河谷均有马铃薯种植，因昼夜温差大，有利于马铃薯干物质积累；种植区域自然隔离条件好，土壤松软且无污染。彝良马铃薯属于绿色无公害食品，外观好、口感佳，深受消费者喜爱（图 3–1–7）。

图 3–1–7　马铃薯

现在，彝良通过大力推广各种新技术、新品种，提高综合生产能力等多方面扩大产业规模，使马铃薯产业成为重要的高山特色农业产业之一。

4. 烤烟产业

图 3–1–8　烤烟

彝良县的地域环境特别适宜烤烟生长，烟区呈现“一片森林一片烟，片片都是生态烟”之景（图 3–1–8）。已经拥有 70 多年种烟历史的彝良是云南红塔集团核心原料基地之一。

昭通市彝良县烟叶工作始终坚持以市场需求为导向，以现代烟草农业为引领，以科技创新为支撑，以找问题补短板为抓手，巩固提升 K326 品种种植，强化差异化适用技术和标准化管理措施落实，严把烟苗质量、地块固化、移栽质量、烟株协调生长、烟叶成熟采收、烟叶烘烤质量和收购烟叶质量等关口，实现“品种纯、数量足、结构优、质量好、烟农富、工业赞”的目的。

5. 花椒产业

彝良县适宜花椒种植的区域较广，目前种植面积达 37 万亩，产值超过 10 亿元。近年来，彝良县高度重视花椒产业的发展，在领导干部的带领下，建立花椒生产加工基地、交易中心、价格形成中心、信息发布中心等，抓住市场的供需规则，抢占先机，合理规划花椒的市场，大面积开发花椒产业，使得花椒产业迅速发展。彝良县花椒产业走出了一条产业发展快速、农民收入增加、生态环境恢复、人和自然和谐相处的可持续发展道路。

图 3-1-9　花椒

6. 畜牧产业

彝良气候、物种和生态环境优势明显，天然草山面积广大，拥有丰富的饲草资源；广大农村、山区有养殖家畜的传统；消费群体稳定增长，市场情况相对稳定。彝良发展以黄毛土猪、肉牛、黑山羊、生态土鸡为主的高山特色养殖品种，把自然资源优势转化为产业优势、经济优势，带动农民增收致富。

相较过去，近年来彝良县依托现有企业，扶持标准化、规模化养殖场和养殖小区建设，发展壮大畜牧产业。积极推动种草养畜，推进深加工秸秆饲料利用，推广应用畜牧科技，调整畜牧产业内部结构，推进畜牧产业化经营，促进畜牧业全面、协调、可持续发展。

图 3-1-10　黑山羊

阅读

彝良县农业产业发展策略

彝良县农业产业在发展过程中，还存在一些问题和制约因素，主要有以下几个方面：一是农业基础条件差；二是农业从业人员综合能力偏低；三是产业链条不连贯；四是产业发展协调不足。要解决问题、化解制约因素，从以下几个方面着手。

（1）加强政府引导，促进农业产业化经营。在制定和完善贷款贴息、土地征用流转、基础设施建设、产业补贴等优惠政策的同时，大力引进经济实力雄厚、技术力量强、具有稳定市场销售网络的公司和销售平台，开发天麻、竹子、马铃薯、烤烟、花椒、有机果蔬、养殖等本土特色农业。

（2）加强农业科技人才建设，促进农业从业人员素质的整体提高。在当前形势下，除了农业生产技能培训，彝良县还要增强农民使用电脑和互联网的技能，特别是对农业合作社带头人、农业生产大户的电脑和互联网技能的培训，以促进农业生产资料和农产品供需信息的获得，提升彝良县农业的市场竞争力。

（3）加快建立农业信息平台与农业园区。提高区域农业产品竞争力，需要整合资源、搭建农业信息平台，整合全县的农业资源信息。平台需要包括农副产品供需、农业服务部门、各乡镇农业合作社、土地与气候资源、物产资源、农业企业等信息，在此平台中要实现对全县农业资源与信息的收集、管理，为农民、企业、政府提供咨询和决策服务。

（4）强化农业产业化与乡村旅游。将产业培植与乡村旅游结合起来，如角奎、龙安片区打造樱桃、李子产业，创建樱桃、李子园；奎香片区打造梨子产业，创建梨园，将旅游与农业结合，发展景区农家乐，多方带动乡村经济发展。

（5）坚持农业可持续发展目标。彝良县境内山高坡陡，生态环境极易被破坏，要坚持农业有限资源合理有效利用，坚持农业废弃物资源化利用，加强水土资源管理和生态环境的污染治理，促进农业生态和经济的良性循环，突出高山特色农业，推进农业现代化，实现彝良县农业的可持续发展。

活动 3-1-2

材料一

“丘上林草丘间塘，缓坡沟谷鱼果粮”说的就是江西省千烟洲的立体农业（图 3-1-11）。当地农民因地制宜，针对地形变化大，气候垂直变化明显的特点， 充分利用当地的“立体气候”，依据不同生物的生活习性和空间的多层次性，合理布局农、林、牧、渔、副的农业模式。

千烟洲曾经因为水土流失严重导致农业生产环境恶劣，同时过度樵采导致水土流失 。为了解决千烟洲的问题，当地农民因地制宜，利用丘陵山区发展林业，利用人工草地来防止水土流失；缓坡和平坦的谷地，土层深厚，不易水土流失，发展种植业；地势低洼处，易积水，出现洪涝，发展渔业。

总而言之，立体农业在促进千烟洲农业可持续发展中具有重要地位，对江西农业的发展起到了促进作用。

图 3-1-11　千烟洲的立体农业

材料二

为了提高土地产出率，增加农民经济收入，邱县农牧局摸索出了一种“两菜一粮”的高产高效种植模式。即每年 2 月底前覆盖地膜播种马铃薯，4 月 15 日前后在马铃薯中间种植玉米，6 月 15 日前后收获马铃薯，7 月 25 日前后收获玉米。净茬后种植大白菜、芥菜或其他叶菜。实现了一年三收，创造了可观的收益。

这种模式合理地利用了不同作物生长的空间优势及对温度的不同需求。在马铃薯生长后期，由于气温过高，马铃薯几乎停止生长，但高大的玉米植株具有很好的遮阴作用，能够显著降低局部温度，创造适宜马铃薯生长的局部小环境，对马铃薯的增产作用明显。

活动任务：

1. 阅读材料，从农业发展条件、生产特点与农作物种类三个方面，比较千烟洲和彝良的立体农业的异同。

2. 你家乡采用过类似的农业种植模式吗？如果没有，请因地制宜地设计一个具有可行性的种植方案。

三、工业产业建设

彝良工业园区经过多年的建设和发展取得了明显成效，工业经济已成为县域经济的重要支撑。

（一）工业体系初建成

彝良县的工业经过几十年的发展已经建成了具有一定规模的工业体系，由图3-1-12可知，2015年全县工业总产值呈跨越式增长，2016年后全县工业总产值持续稳步上升，这反映了彝良县工业快速发展的特点。

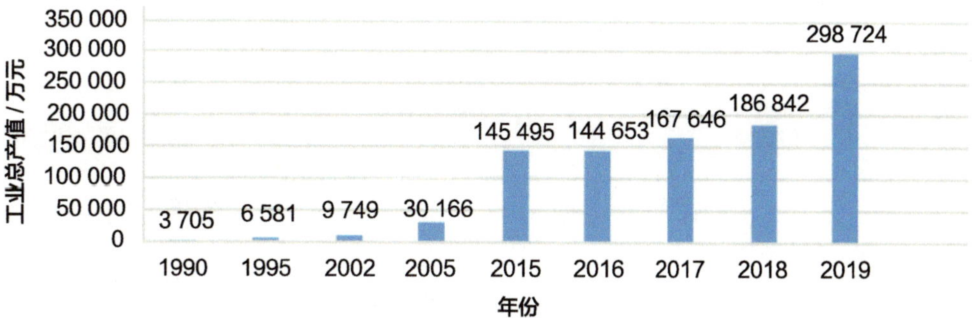

图3-1-12　彝良县工业总产值

2000年，彝良县进行国企改革，扩大招商引资，工业企业不断向规模化、集约化方向发展；2003年的深化国有企业改革增强了经济发展活力；到2005年，彝良县已形成初具规模的多种所有制并存的县域工业经济体系，国有企业、集体企业、私营与个体企业共同发展，拥有冶金、化工、煤炭、建筑等十余种工业项目。

在“十四五”规划[①]中，彝良县围绕打造“绿色能源牌”，编制实施“十四五”工业发展规划和硅产业专项发展规划，继续坚持“稳铅、深煤、推硅、强麻、促农”的发展思路，重点发展以铅锌、煤化工、硅质新材料、天麻为主的农特产品加工等优势产业及新兴产业，改造提升电力、建材等传统工业，全力推进新型工业化进程。

（二）工农联合助振兴

农业与工业融合发展，农业成为工业的资源保障，工业则变成农业深度发展的桥梁。两者并非单纯的相加，而是相互融合、互用优势，创造出巨大的生产发展价值。

1. 工农融合模式

彝良县坚持“老产业＋新理念、新机制、新技术＝新产业”的理念，引导和促进农业与工业逐步融合。以得天独厚的天麻、马铃薯、烤烟、蔬菜、竹子、核桃、花椒等成熟的本土农业种植优势作为资源保障，结合工业挖掘农特产品深加工潜力，开发“农业＋工业”联合效益，朝农业产业化经营方向发展。坚持“走出去”和“引进来”相结合，大力支持本土企业“站起来”，见图3-1-13。

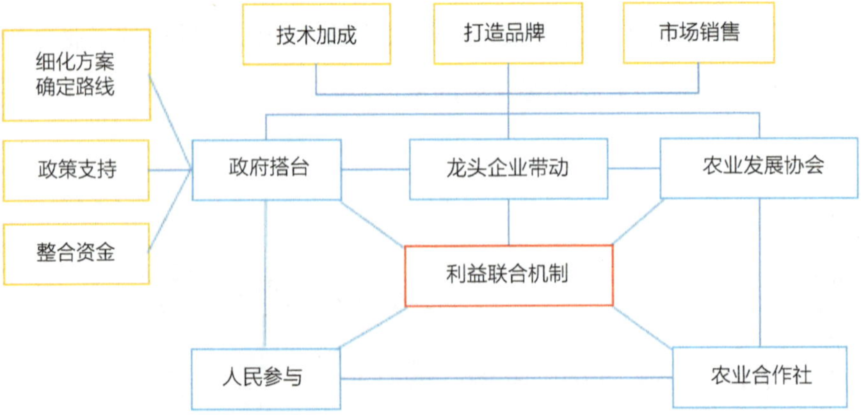

图3-1-13　工业与农业融合的模式

① 彝良县人民政府办公室，彝良县人民政府关于印发彝良县国民经济和社会发展第十四个五年规划纲要的通知。

2. 延长产业链

产业链的实质是不同产业部门之间基于技术经济联系和时空布局关系而形成的一种链条式的关联形式。延长产业链是将一条既已存在的产业链尽可能地向上下游拓展延深。上游一般是进入基础生产与技术研发环节，向下游拓展则进入市场营销环节。延长产业链可以提高产品的经济附加值和深加工层次，提高产业的经济效益，是一个地区资源优势转化为经济优势的重要途径。彝良县成功延长的产业链有竹笋和辣椒产业等。

（1）竹笋加工产业链

彝良竹产业覆盖 12 个乡镇 56 个村，2.93 万农户，资源优势明显。县委、县政府引进了山益宝生物科技有限公司，改变现有小作坊式的竹笋加工方式，建立“竹原料—初加工（深加工）—产品销售”全产业链，并促成多家专业合作社签订了长期合作协议，构建利益共同体。

目前，山益宝公司带动种植农户扩大种植面积，引导有机生产，并对群众的鲜竹笋实行订单收购，既解决了农户销售困难的问题，又保障了龙头企业的原料安全供应（图 3–1–14）。

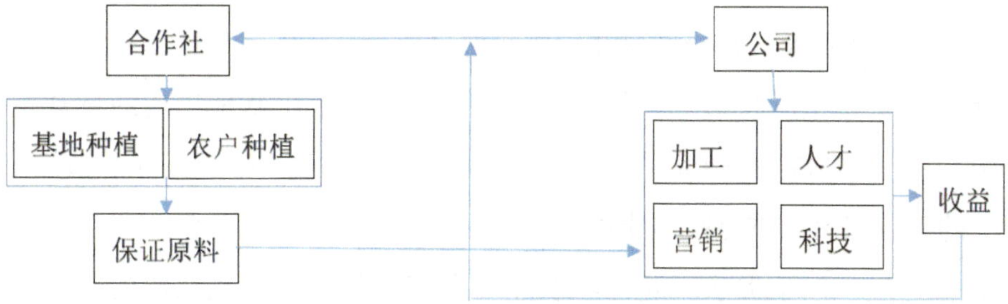

图 3–1–14　山益宝生物科技有限公司与彝良合作模式

加工下游阶段，如竹笋罐头、笋干、盐渍笋等产品（图 3–1–15）也取得了有机产品认证。通过线上和线下着力打造大型商超、区域代理、外贸市场、跨境电商、单位团购和大健康产业市场“六位一体”的销售格局。如今的竹笋加工产业链正在走循环经济发展和绿色健康农产品助力脱贫的路子。

图 3–1–15　竹笋加工食品

（2）小辣椒渐成大产业

彝良县位于白水江畔，下辖牛街、柳溪和洛旺三个乡镇，属高山河谷地带，山高坡陡、沟壑纵横、土地贫瘠，群众生产、生活条件十分艰苦。三个乡镇党政领导班子在县委、县政府的支持下，针对区内地形地貌、气候条件、贫困状况相似的特点，经过反复考察论证，决定将辣椒产业作为该片区调整农业产业结构、促进农业经济提质增效的支柱产业。引进了彝良彝江红农业开发有限公司，确定了发展方向与方法，具体如下。

图 3-1-16　各种泡椒

①多方合作，抱团发展。彝良彝江红农业开发有限公司与牛街镇、柳溪乡、洛旺乡政府签订了《辣椒产业项目合作协议》，与三个乡镇的 20 个村集体经济公司签订了《辣椒种植订购合同》和《辣椒加工厂建设入股合作协议》，每个村集体公司投资入股合作建厂，固定分红；村集体经济公司与农户签订了《辣椒种植收购协议》，形成了“多方合作、抱团发展、优势互补、利益共享、风险共担”的持续发展态势。

②调整结构，提质增效。该片区党委、政府做实群众工作，转变群众观念，努力调整农业产业结构，落实辣椒种植品种和面积。种植面积规划到村到组，乡村组干部分片落实，责任到人，并与考核挂钩、奖惩分明。

③聚焦卡户，精准扶贫。一是在辣椒育苗方面，集中基地周边的群众参与到育苗工作中。二是在辣椒种植上，主要动员建档立卡贫困户种植。三是在辣椒加工厂（扶贫车间）的劳务用工上重点吸纳建档立卡贫困户进厂务工。

④合作建厂，以工促农。彝江红农业开发有限公司充分利用原废弃纸厂进行改扩建，盘活了停产 10 多年的原纸厂资产，带活了各村集体经济公司；以加工业带动种植业的发展，提升了农户种植辣椒的期望，也大幅提高了农产品的附加值，实现了多方合作共赢。

⑤筑巢引凤，拓展市场。规模化的组织种植生产和辣椒加工厂的建成投入运营，吸引了重庆、四川、浙江等省份许多有辣椒需求的大客户前来参观、考察、订货，提升了当地辣椒产业的知名度，拓宽了辣椒的销售渠道（图 3-1-17）。

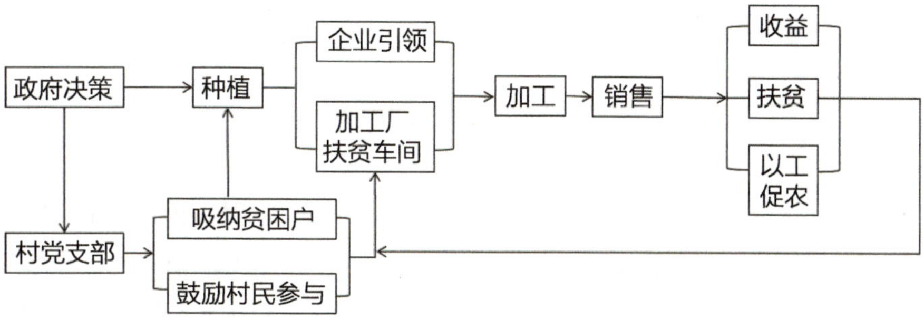

图 3-1-17 彝良县辣椒产业链发展模式

（三）未来工业“一园五区”

彝良县按照“稳铅、深煤、推硅、强麻、促农”的战略思路，本着“重点突出、特色鲜明、优势互补、协调发展”的原则，着力构建“一园五区”空间布局。一园即彝良工业园，五区即铅锌碳素产业区、硅产业区、生物医药（天麻）产业区、农特产品产业区和物流产业区（图 3-1-18）。

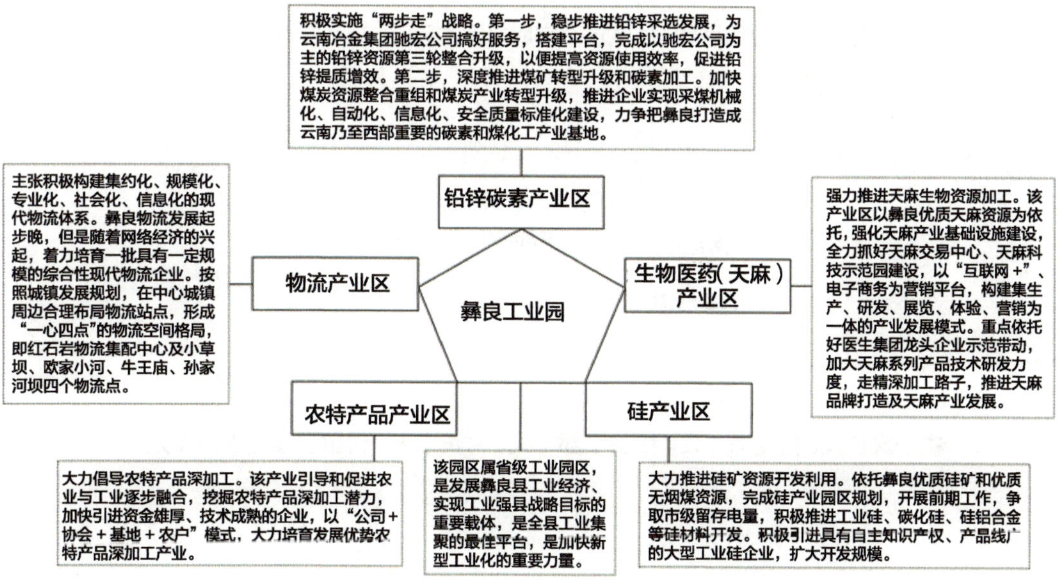

图 3-1-18 彝良工业“一园五区”规划

活动 3-1-3　致贫与脱贫

在对云南省昭通市彝良县的评估调研中，有一户家庭情况极为特殊。农户 XXX，系 XX 镇 XX 村 XX 组人，家中共有 6 口人；户主 68 岁，体弱多病；户主之妻 61 岁；户主大儿子 38 岁，已婚，妻亡；二儿子 34 岁，已婚，妻离家杳无音信；户主大孙子 16 岁，读高一；小孙子 3 岁。大儿子患有尿毒症，因为家庭条件差，没有能力看病，只能开一些药物来稍微减轻病痛。户主及其妻子年事已高，基本丧失劳动能力，家中主要劳动力就是二儿子，大孙子偶尔在放假时间可以帮忙。一家人靠政府补贴维持生活。

家中种植 7 亩竹子，但是因收竹子操作复杂，无能力将农产品变现。家中无其他收入来源，靠政府提供的 A 类低保与养老金度日。低保不仅需要抚养年幼的小孙子，供养刚上高中的大孙子，还需要给户主大儿子购买药品，除去这些开销家里可以用来买生活必需品的资金所剩无几。同时随着孩子的长大，老人年岁的增加，这个贫困的家庭将会越来越困难。

1. 根据下面思维导图，总结这个家庭贫困的原因，在空白处填注相应内容。

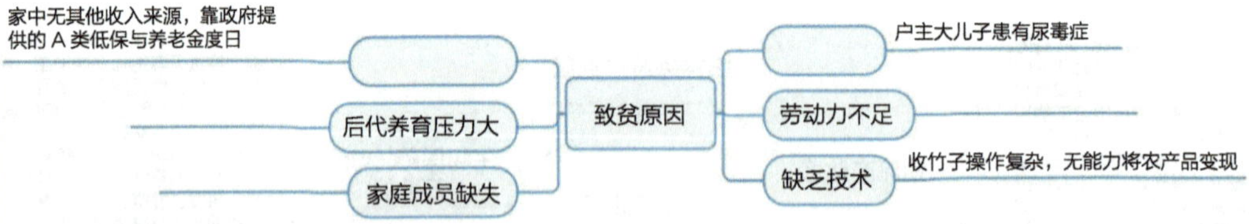

2. 设计情境，角色扮演。商议这个家庭脱贫的对策（至少需 10 人：户主一家 6 人、村支书 1 人、扶贫干部 1 人、村长 1 人、村里已致富农户 1 人）。

四、彝良的三大产业

在我国，产业划分为三类。第一产业为农业，包括农、林、牧、渔、副各业；第二产业为工业，包括采掘、制造、自来水、电力、蒸汽、热水、煤气和建筑各业；第三产业分为流通和服务两部分。

彝良县 2016—2019 年三大产业比重变化见图 3-1-19。

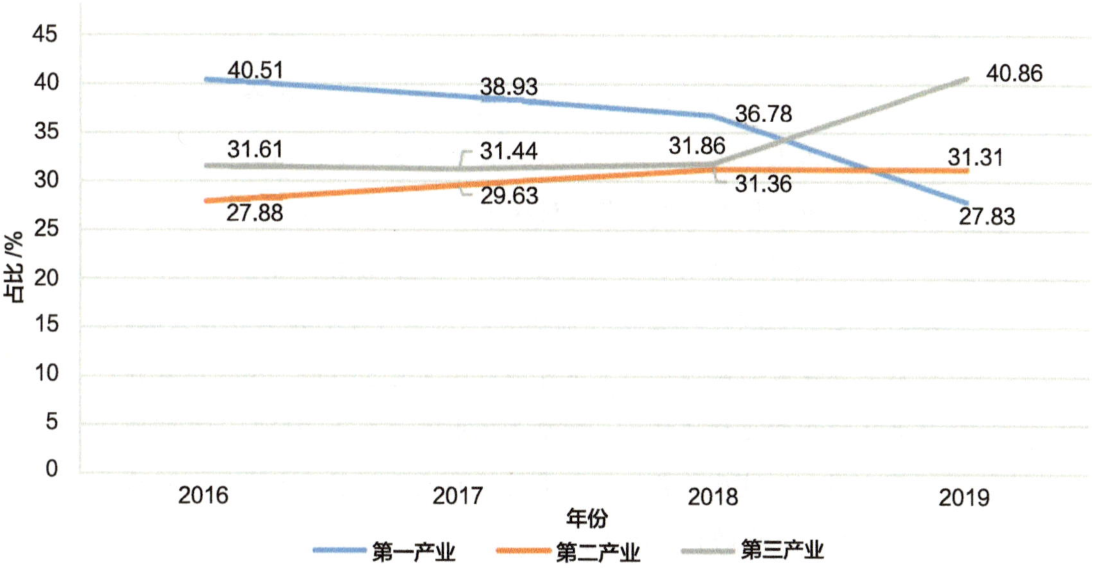

图 3-1-19　彝良县 2016—2019 年三大产业比重变化

探究 3-1-1

读图 3-1-19，归纳 2016—2019 年彝良县三大产业发展的特点，并提出可持续发展的方案及理由。

第二节　打造品牌优势

问题

小贾是土生土长的六井村人，高中毕业以后，小贾在自家几十亩的荒山上种植了天麻，收获却让他大失所望，因此他决定外出闯荡，但几年下来并没有赚到钱。

纵观形势，反躬自省。小贾说："国家支农、惠农政策越来越好，农村人还得靠地，这样最稳当。"于是小贾再度回乡种天麻。吸取之前失败的教训，小贾决定通过学习充实自己。于是小贾到彝良小草坝学习种植技术，到陕西省引进"两菌一种"，在外地购买木材。经过反复尝试，小贾种植的天麻获得了大丰收，随后小贾增加了天麻的种植面积。

在彝良"小草坝天麻"这个品牌的影响带动下，天麻价格持续走高。最好的一年，小贾种植的天麻卖了38万元，成为全村天麻种植的奇迹。看到他的成功，越来越多的外出务工青壮年陆续回到家乡种植天麻，种植大户也越来越多。

根据以上材料说一说小贾创业成功的因素有哪些？

一、品牌与优势

"品牌"是随着企业做强做大，产品不断从低附加值向高附加值升级，向开发优势、质量优势、文化创新优势等高层次转变的过程中形成的。因此，品牌是人们对一个企业及其产品、售后服务、文化价值的一种认知和评价，是一种信任。"品牌"是一种无形资产，有了知名度就具有凝聚力与扩散力，可以成为发展的动力。

品牌优势是品牌在其培育、运营的过程中积累的一切有利品牌发展的物质和精神的整体表现。当品牌优势建立起来后，便有效地建立起本品牌与竞争者的差异性，在消费者心中占据与众不同的位置。打造品牌优势需要对品牌进行培育，统合各方资源，进行规划、设计、宣传、管理等行为。

二、“小草坝天麻”品牌培育条件

天麻的生长周期为 2.5 ～ 3 年，要经过有性繁殖和无性繁殖两个阶段，天麻种子微小，靠萌发菌辅助生长。天麻无根、无叶，无须进行光合作用，整个成长过程必须与蜜环菌共生，依靠体内的溶菌酶（一种蛋白分解酶）溶解吸收蜜环菌的“丝”为营养，整个生长周期不能施肥、无须锄草、不能喷农药。小草坝天麻为林下仿野生种植，因而不与农作物争地、争肥、争营养，但土地需要 5 年以上轮作周期。“小草坝天麻”品牌培育成功，得益于当地优越的历史、自然、政策等条件。

（一）历史条件

天麻最早以“赤箭”之名记载于东汉《神农本草经》中。公元 225 年，诸葛亮南征至小草坝，煮食天麻治疗蛊毒瘴气，在小草坝安营扎寨布“七星营”，与小草坝天麻结下了不解之缘。

18 世纪，英国传教士柏格里远涉重洋到中国传教，来到小草坝后认为小草坝天麻“物华天宝”并将其带回了英国。1917 年在《新约全书》中的“东方地图”上，用英文清晰地标注了“小草坝”三个字。小草坝天麻在御膳文化、食用文化、药食文化等方面也十分有名，在初唐时期就成为“贡品”，在清朝则是“御膳”之必需。1972 年尼克松访华，“天麻汽锅鸡”成为国宴菜品之一。2016 年建成的中国天麻博物馆，成为全国首个天麻专题类博物馆，进一步丰富了小草坝天麻文化。

图 3-2-1　天麻汽锅鸡

图 3-2-2　中国天麻博物馆

（二）自然条件

图 3-2-3　天麻

天麻分布于热带、亚热带、温带及寒温带的山地，喜凉爽、湿润环境，怕冻、怕旱、怕高温、怕积水。我国是天麻原产地之一，云南、四川、陕西、安徽等地均产野生天麻，而小草坝是全国六大天麻主产区之一。

小草坝天麻主产区，是典型的山地构造地形，属亚热带、温暖带共存的高原季风立体气候，具有冬无严寒、夏无酷暑、雨热同季、干湿分明等特点，年平均气温 12℃，年降水量 660 ～ 1 230 毫米，年平均日照 145 天。这样的自然条件非常适合天麻生长。

图 3-2-4　天麻在昭通市的分布

图 3-2-5　天麻在彝良县的分布

活动 3-2-1

1. 参观位于彝良县小草坝镇的中国天麻博物馆，绘制天麻在世界以及中国的分布图。

2. 查阅天麻在世界及我国分布情况的相关资料，说明小草坝天麻的分布位置。

（三）品质优势

多雨多雾、温凉潮湿的条件孕育了个大、肥厚、饱满、半透明且质实无空心、品质优良的“云天麻”，彝良县也因此获得了“天麻故乡”和“世界天麻原产地”之美誉，其中以小草坝天麻最为优质。据中科院昆明植物研究所和云南中医学院的分析检测，小草坝天麻的天麻素、无机元素和氨基酸含量明显优于省外主要产地的天麻，其天麻素平均含量为 1.13%，比国内其他产区高 2 ～ 4 倍；含有微量元素、宏量元素等无机元素 29 种，如铜、铁、锌、钾、钠、钙等，其中包含了 20 种人体必需元素。小草坝天麻主要有红、乌、绿、白四个品种，以乌天麻最佳。小草坝独有的野生乌天麻是全国乃至世界上优质的天麻种源。

（四）政策条件

近年来，昭通市委、市政府将天麻产业作为昭通市“六大高原特色产业”之一进行重点打造，彝良县委、县政府将天麻产业作为“一县一业”推动脱贫攻坚的主要产业进行培育。采取“政府推动、市场运作、龙头带动、政策扶持、资源整合、加快发展”思路，以壮大产业和促进农民增收为根本，以产业融合发展为方向，以现代农业发展理念和全面推进农业供给侧结构性改革为引领，以重点项目建设为载体，以合作组织建设为抓手，以科技推广应用为支撑，创建新模式、引入新动能、培育新主体、打造新业态，扎实推进产业规模化、标准化、品牌化、信息化建设，推动天麻产业高质量发展。

三、品牌发展

彝良县天麻发展历程如图 3-2-6 所示。

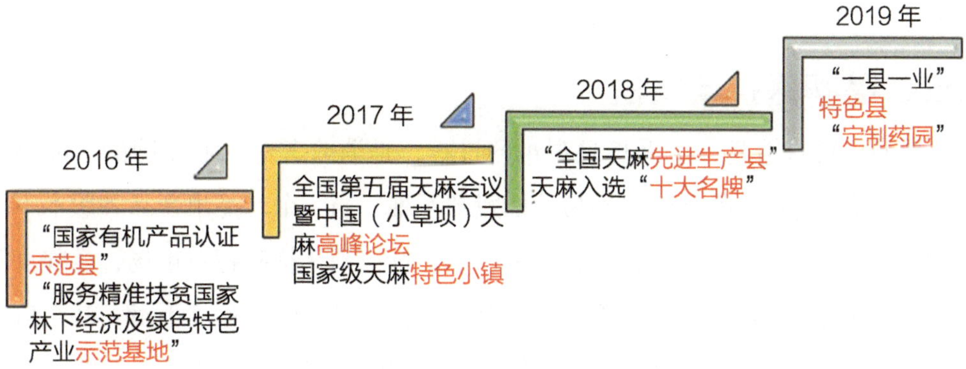

图 3-2-6　彝良县天麻发展历程

四、品牌致富

经过多年来各个方面的努力，彝良县天麻产业已经形成了一定规模，小草坝天麻在全国乃至全球的知名度和影响力得到进一步提升。从彝良野生天麻到以小草坝为中心，以龙安、龙海、两河、牛街等10个乡镇为主产区，彝良天麻产业日益发展繁荣。目前，全县有天麻加工企业40余家，其中龙头企业2家，天麻专业合作社（协会）176家，企业带动产业发展的效果明显。

天麻产业是农民增收致富的重点产业。彝良县引导市场主体与贫困农户建立紧密的利益联结机制，带动贫困农户广泛参与到产业发展的各个环节中。从表3-2-1可以看出，彝良县天麻产业的投入与产出、发展都很稳定。表3-2-2则反映了贫困农户在天麻产业带动下的劳动与收益。彝良县天麻产业真正实现了农民增收，推动了脱贫事业的发展。

表3-2-1 彝良县天麻产业投入与产出

年份	发展种植/万亩	投产面积/万亩	鲜天麻产量/吨	天麻总产值/亿元
2017	2.66	2.88	11 680	17.01
2018	1.56	2.68	11 140.5	19.18
2019	2.8	2.7	11 285	20.3

表3-2-2 彝良县天麻产业受惠卡户情况

年份	建档立卡户	人数	种植天麻亩数	采收天麻/吨	产值/万元
2017	6 078	20 431	5 386.5	2 428	16 967.5
2018	5 985	20 118	3 527.5	1 587.5	12 699
2019	4 768	19 808	8 480	—	—

五、品牌保护与发展

品牌的培育打造是一个漫长且艰难的过程，是消费者对企业品牌的产品与服务从认知到认可的过程。品牌建立不易，摧毁却不难，当一个产品出现品牌版本不一、出处迥异、质量差距大等问题，将会带来以下影响：一是扰乱行业市场，品牌真假难分；二是侵犯消费者知情权，企业涉及虚假宣传；三是品牌信赖度下滑，甚至口碑崩溃。品牌培育、打造、建立之后，还需保护既有的优势与名声才能长久发展。

（一）“小草坝天麻”品牌打造中存在的问题

1. 科技支撑不足，产品研发能力较弱

彝良天麻产业基础科研还处于起步阶段，跟不上产业发展的需要，全县没有一家专业从事天麻产品研发的机构，相关企业科研经费投入严重不足，科研工作举步维艰，近年来基本没有新产品上市。

2. 天麻野生种质资源保护缺乏

麻农对野生天麻“杀鸡取卵式”地采挖，使得境内的野生天麻数量锐减，加之多代重复种植，品种逐步退化。

3. 缺乏精深加工龙头企业

县内企业生产工艺落后，加工手段传统，生产设备简陋。产品加工一直停留在初加工阶段，无法达到产业化发展要求，资源优势难以完全转化为经济优势。

4. 天麻市场拓展受限于“名贵中药材”身份

天麻是一种带有神秘色彩的兰科植物，非产区人民对其了解甚少，至今仍有很多人“只闻其名，不知其形”。天麻作为传统名贵中药材，受到严格的管理，无法进入各大生活超市、购物广场和一般农产品交易市场。在北京、上海、广州、深圳等城市，餐馆烹制销售“天麻汽锅鸡”“天麻炖鱼头”“天麻酒”等著名传统佳肴都会面临处罚，导致天麻难以进入市民的日常生活中。

5. 财政资金投入不足

彝良天麻产业起步较晚，种源保护、基础科研、产品研发、平台搭建等缺乏专门资金投入。国家、省、市级基本没有资金投入，加之县级财政困难，资金投入不足，社会资本投入总量又小，严重制约了天麻产业化发展。

（二）“小草坝天麻”品牌保护与发展

针对“小草坝天麻”品牌培育过程中出现的问题，未来要把“小草坝天麻”做强做大必须对源头品质、生产技术、营销推广等方面进行深入的研究与把控，保证小草坝天麻的品质与生产，同时也不让品牌名誉受损，保持品牌名誉的正面、积极效应。

1. 种质资源保护

在小草坝建设野生天麻种质资源保护区作为“两菌”和良种繁育采种基地，推进“两菌”选育和良种繁育，为健康绿色产品快速可持续发展提供支撑。同时，在辖

区内规划营造菌材林，实行占补平衡，解决菌材供给不足的问题。

2. 优质“两菌”生产

建立优质“两菌”繁育体系，筛选培育优质“两菌”，大力推广使用本地优质“两菌”，实现本地优质“两菌”覆盖率达 90% 以上。

3. 龙头培育和品牌持续打造

政府需切实加大对企业的扶持力度，加快培育龙头骨干企业，推动天麻产业做大做强。提升服务龙头企业的能力和水平，支持企业搞技术创新、产品研发、品牌打造。继续加大培育自主品牌的力度，打造一批有影响力的区域公用品牌、企业品牌和产品品牌。全面推进农业标准化生产和品牌建设，做好无公害食品、有机食品、绿色食品、农产品地理标志“三品一标”的认证工作，提升品牌效益和精深加工附加值。支持企业积极参与云南省“十大名品”和绿色食品“十强企业”评选，组织开展区域公用品牌、名企、名品公益宣传。

4. 科技培训

实施人才素质提升工程，培养天麻产业发展急需的技能人才。一是县天麻产业开发中心根据生产技术的需要，聘请具有相应技术的专家，专题培训技术骨干。二是各乡镇组织对辖区内专业合作组织和企业的技术人员进行专题培训，培训技术能手，通过入户指导、现场实训，带动农民科技化种植、规范化管理。

5. 拓展市场

一是加快推进药食同源；二是加强品牌培育及产品形象建设；三是进一步加强对天麻系列产品需求的市场调查，摸清市场行情，对口生产天麻系列产品；四是加大宣传力度，通过各种渠道加大对天麻产品的宣传力度，更好地把优质产品推荐给经销商和顾客。

6. 深化“一县一业”特色县建设

一是进一步完善小草坝天麻国际交易中心线上线下交易平台、检测检验体系以及旅游购物场所等建设，让种植、分拣、包装、交易、物流各个环节都插上智慧农业的翅膀，建立健全“从田间到餐桌”“从种子到筷子”“从山头到舌头”的全产业链质量管控、检测和追溯体系。二是加快推进云南好医生小草坝乌天麻产业园建设。以天麻被列为“药食同源”为契机，以精深加工产品为重点，激发和带动彝良天麻产业整体发展。三是进一步加强与中国医学科学院药用植物研究所及相关科研院所合作，建立天麻产业专家工作站，打造大健康产品研发基地。强化创新引领，充分利用政策红利，促进乡村产业振兴，高站位、高标准、全力推进“一县一业”特色县建设（图 3-2-7）。

图 3-2-7　“小草坝天麻”品牌保护与发展

阅读

我为家乡产业发展建言献策

材料一：

彝良县面积 2 804 平方千米，其中林地面积 275 千米，森林覆盖率 32.9%，总人口 62.79 万人，农业人口 55.69 万人。地域处于中国竹子分布的混合竹林带区，复杂的地形地貌、温和湿润的气候条件及多样的土壤类型，孕育了竹类资源的多样性。全县共有竹类植物 12 属 30 种，乡土竹种以筇竹、方竹分布较广，有全国现存面积最大的天然毛竹林——彝良海子坪自然保护区。县内竹类种质资源丰富，竹产业发展潜力巨大。彝良县先后引进培育竹子种植加工企业 3 家，其中省级龙头企业 1 家，县级龙头企业 2 家；依托云南农业大学、浙江大学等科研院所，引进知名专家学者研发竹笋系列产品，目前已研发香辣笋干、竹笋精华素等 20 多个系列产品，远销国内外，深受消费者喜爱。

阅读

材料二：

2019 年，昭通市彝良县根据白水江片区特色，因地制宜地引导农户种植辣椒，并引进资金注册新建了彝良彝江红农业开发有限公司，为销售辣椒解决了后顾之忧，为辣椒产业的发展奠定了坚实基础。

辣椒产业刚开始推广时由政府主导，通过乡村干部到农户进行宣传发动，将辣椒的种植面积以任务的形式分派到各村。目前，辣椒种植的任务不再由政府分派，而是农户自愿报名，各村统计和汇总种植面积，再统一报到乡镇政府。种植方式由原来的“要我种”变成了现在的“我要种”。

目前，彝良辣椒走“市场＋龙头企业＋村集体经济＋产业＋基地＋农户”的路子，形成“集千家万户的小生产，闯千变万化的大市场，惠千家万户的老百姓”的发展态势，在精准扶贫和乡村振兴中起到关键的助力作用。

探究 3-2-1

1. 简述彝良县竹产业、辣椒产业的区位优势。

2. 绘制彝良县竹产业链示意图，并说明你家的生计或你身边人家的生计处于哪一个位置，正在做什么或应该怎样做。

3. 请为竹、辣椒产品取个品牌名，并说明理由。

4

YILIANG DILI

第四章

灾害与防治

自然灾害是指给人类生存带来危害或损害人类生活环境的自然现象。自然灾害对人类社会所造成的危害往往是触目惊心的，它们之中既有地震、火山爆发、泥石流、海啸、台风、洪水等突发性灾害，也有地面沉降、土地沙漠化、干旱、病虫害等在较长时间中才能逐渐显现的渐变性灾害，还有臭氧层变化、水体污染、水土流失、酸雨等人类活动导致的环境灾害。目前人类的科学技术水平和能力还无法阻止自然灾害的发生，也无法抵御自然灾害的破坏，但是人类可以根据自然灾害发生的规律和特点，采取积极有效的措施，尽量减少损失。

第一节　地质灾害

问题

2012年9月7日11时19分，云南省昭通市彝良县与贵州省毕节地区威宁彝族回族苗族自治县交界处发生5.7级地震，震源深度14千米。该地震造成81人死亡，74万余人受灾。

彝良地理位置特殊，处在活跃的板块交界处，常见的地质灾害主要有地震、滑坡等。

彝良县经常发生地震吗？说一说你所知道的预防或减轻地震灾害的措施。

一、地震

地壳中的岩层在地应力的长期作用下，会发生倾斜和弯曲，当积累的地应力超过岩层所能承受的限度时，岩层便会突然断裂或错位，使长期积累的能量急剧释放出来，并以地震波的形式向四周传播，使地面发生震动，成为地震。

（一）地震频发成因

云南省地处亚欧板块与印度洋板块交界处，板块运动给云南地质运动带来了巨大影响。彝良县位于云南省东北部，处于云南省马边大关断裂带区域、马边大关地震带上，也受板块运动的影响，导致地震频发（图4–1–1、图4–1–2）。

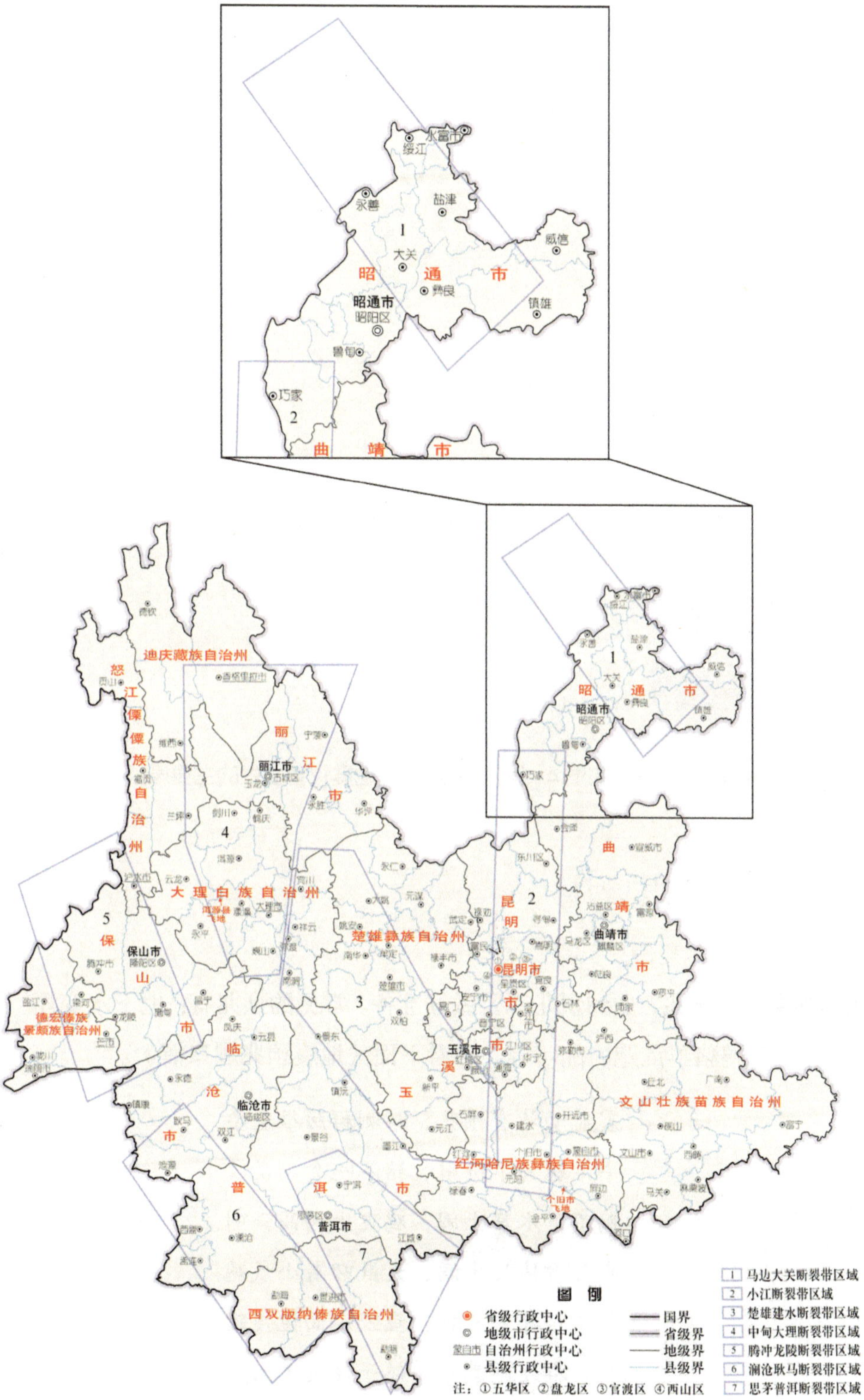

图 4-1-1 云南地区主要断裂带①

① 姜岩，黄腾，李佳．基于 GIS 的云南地区地震与断裂带相关性分析 [J]. 长沙大学学报 ,2015,29(2):23-25.

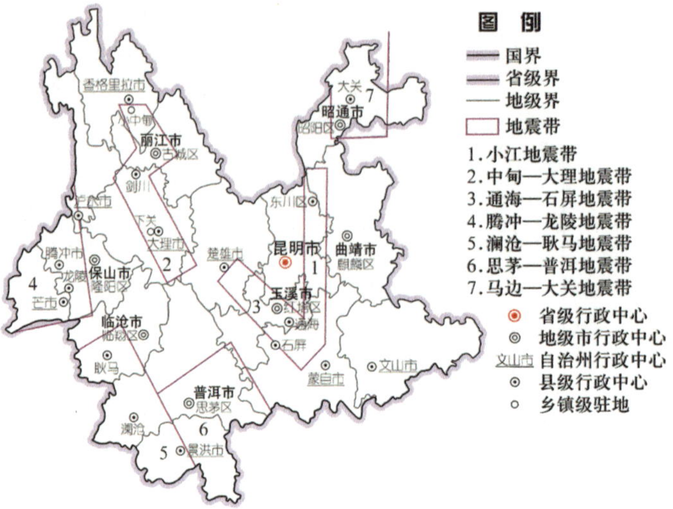

图 4-1-2　云南地区地震带划分①

探究 4-1-1

根据图 4-1-1 和图 4-1-2，简述彝良地震灾害发生的主要原因。

（二）防震意识与能力

1. 知晓地震预兆知识

地震到来前有预兆，见到预兆就要做好准备。常见的预兆有：地下水变浑、翻花、冒泡、变味；鸡鸭猪羊乱跑、乱叫等。参看下面《地震预兆顺口溜》。

震前动物有预兆，群测群防很重要。
牛羊骡马不进厩，猪不吃食狗乱咬。
鸭不下水岸上闹，鸡飞上树高声叫。
冰天雪地蛇出洞，大鼠叼着小鼠跑。
兔子竖耳蹦又撞，鱼跃水面惶惶跳。
蜂蜜群迁闹轰轰，鸽子惊飞不回巢。
家家户户都观察，发现异常快报告。

① 王超飞. 云南省地震时空分布分形特征与地震活动性关系研究 [D]. 昆明：昆明理工大学，2014.

2. 演练地震逃生技能

地震逃生技能越熟练，师生在应对地震时安全概率就越高。图 4–1–3 所示为地震逃生技能演练步骤。

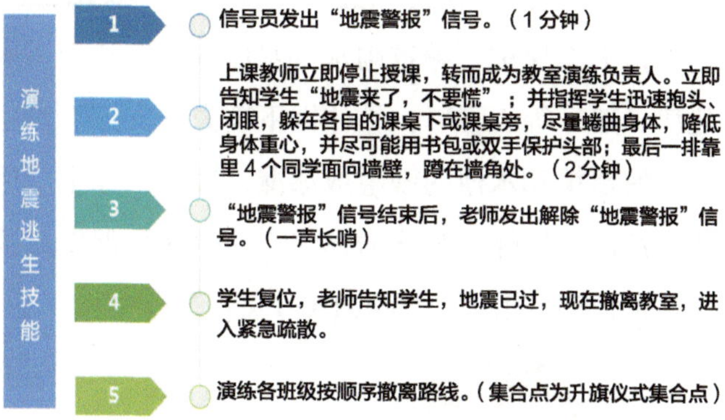

图 4–1–3　地震逃生技能演练步骤[①]

3. 做好防震物资储备

①物质储备，及时准备好饮用水、救急食品、电源等物品；②知识储备，掌握地震的基本知识，冷静应对地震，保护好自己与家人。

二、滑坡

滑坡是山地斜坡不稳定的岩体与土体，在重力作用下沿一定滑移面整体向下滑动的地质现象（图 4–1–4）。滑坡一般发生在岩体比较破碎、地势起伏较大、植被覆盖较差的地区。山地丘陵区和工程建设频繁的地区，也是滑坡多发区。彝良县地震发生后易诱发次生灾害，滑坡便是震后诱发的常见次生灾害之一。

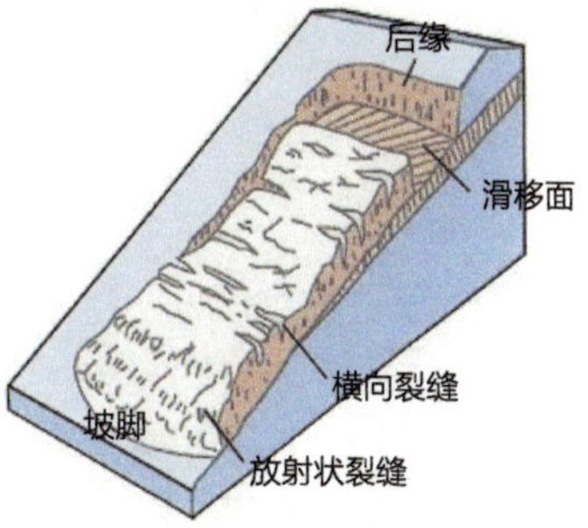

图 4–1–4　滑坡

（一）滑坡频发成因

一般情况下，斜坡在山高谷深、地势陡峭、地质构造复杂和上层岩性相对松软的地质地貌下，受河流冲刷、地下水活动、雨水浸泡、地震及人工切坡等因素影响，在重力的作用下，形成滑坡灾害。因此，滑坡是地质、地貌、气候等因素综合作用的结果。

---

① 敬文 . 阆中市民族小学 2016 年地震火灾逃生疏散演练预案 [J]. 平安校园 ,2017(1):74-77.

彝良县处于我国西南地区滑坡易发区，处于云南省马边—大关地震带上，板块构造运动活跃，形成岩层疏松的地质地貌。加之地形复杂，夏秋季节多暴雨，雨水渗透到岩石和泥土里，滑坡极易发生。

滑坡的发生还与人类生产生活紧密相连。例如，在开发山区时，劈山开矿及在山坡上乱砍滥伐，使坡体失去保护，导致雨水等水体入渗，从而诱发滑坡；开挖坡脚进行铁路、公路、建房、建厂等工程时，坡体因下部失去支撑而发生下滑；蓄水、排水设施修筑不合理，致使水渠和水池的漫溢或渗漏，以及工业生产用水和废水排放、农业灌溉等，均易使水流渗入坡体，软化岩体、土体，从而促使或诱使滑坡发生；厂矿废渣的不合理堆弃也常常触发滑坡（图 4–1–5）。

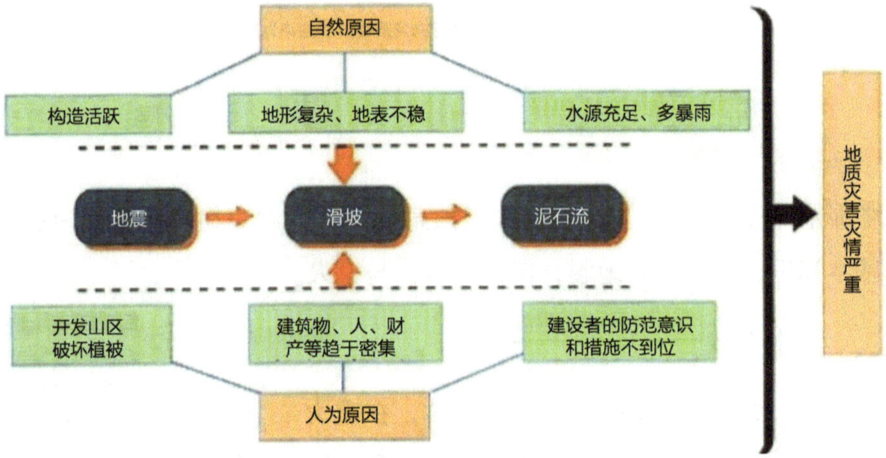

图 4–1–5　地质灾害多发的原因[①]

活动 4-1-1

绘制彝良县在中国滑坡易发生区的位置示意图。

（二）防滑坡意识与能力

1. 学会观察滑坡预兆

一看裂缝。山坡出现裂缝往往是滑坡征兆，要高度重视，此时山坡已处于危险

① 高中地理选修 5 自然灾害与防治，人教版，图 2.13。

状态。有时见不到裂缝，但是建在斜坡上的房屋地板、地面、墙壁多处出现明显拉裂，墙体歪斜，也是滑坡的前兆。

二看树木。滑坡体上的树林呈现一致的倾斜方向，大幅倾斜是滑坡的前兆。

三看动物。猪、鸡等动物惊恐不宁、不入睡，老鼠乱窜不进洞，可能预示滑坡、崩塌即将来临。

四看水。斜坡前缘坡脚堵塞多年的泉水突然涌出，坡体上井水位突然变化等异常现象，说明坡体变形，滑动强烈，可能发生整体滑动。

2. 演练滑坡逃生技能

（1）发现预兆立即报告

政府要赶紧通知每家每户，进行疏散避险工作。村民发现要上报村长，由村长联系政府，立即处理。上报方法除电话联系、口头通知、广播通告等外，还可以通过微信小程序上报给专业平台，引起国家重视（图 4–1–6）。

图 4–1–6　灾害事故 e 键通小程序

（2）找对逃跑方向

向四周观看滑坡的滑动范围有多大，寻找可以逃生的安全地点并迅速逃离。一般向滑坡两侧方向逃离比较安全，而迎着滑坡向上跑或者顺着滑坡前进的方向跑都是很危险的（图 4–1–7）。

图 4–1–7　滑坡逃跑方向

（3）不要轻敌

滑坡具有连续性，安全逃离之后不要马上回到滑坡区域，以免被二次滑坡伤害。

知识窗

学校地震演练程序

1. 演练前各班召开动员大会，让学生熟悉应急疏散的正确线路，分析学校应急疏散的环境条件，阐述应急演练的重要意义，讲明演练的程序、内容、时间和纪律要求，以及各个教室疏散的路线和到达的区域，同时强调是预防性、模拟性练习。

2. 演练前对疏散路线必经之处和到达的“安全地带”进行实地仔细检查，对存在的问题及时进行整改，消除障碍和隐患，确保线路畅通和安全。

3. 模拟环境。教学楼应急地震疏散演练环境：学生在教室上课，不知道外面情况。

滑坡防灾减灾措施

消减水害。主要是防止岩体的软化及溶蚀分解，消除或减小水的冲刷和浪击作用。具体做法有：防止外围地表水进入滑坡区，可在滑坡边界修截水沟；在滑坡区内，可在坡面修筑排水沟；在覆盖层上可用浆砌片石或人造植被铺盖，防止地表水下渗。

改善边坡。用降低坡高或放缓坡角来改善边坡的稳定性。

人工加固边坡。常用的方法有：修筑挡土墙、护墙等支挡不稳定岩体；钢筋混凝土抗滑桩或钢筋桩作为阻滑支撑工程。

植树种草，加固坡地。

政府多宣传相关防治知识，群众主动学习，做到面临滑坡有序应对。

活动 4-1-2　防灾减灾系列活动

1. 防震减灾演练。

（1）设计学校疏散路线和详细疏散程序，反复优化；

（2）宣传“疏散方案”，动员全体参与；

（3）向学校申请进行防震减灾演练活动，请求学校全力配合。

2. 滑坡检测。

观察身边环境，寻找滑坡预兆，坚持每天观察与测量，一旦确认，报请有关部门复察预警。

第二节　水旱灾害

问题

下面这两幅图片你是否见过？它们是什么？有什么作用？

彝良气候雨旱分明，山区面积广大，地形崎岖。降雨时，坡面径流下渗少，径流量大。一方面，坡面径流即刻汇聚到低处、平地、谷地，造成水灾；另一方面，水资源流出多、储存少，常出现雨后即刻干旱的现象。降水时空分布不均是造成彝良水旱灾害的主要原因（图 4–2–1）。

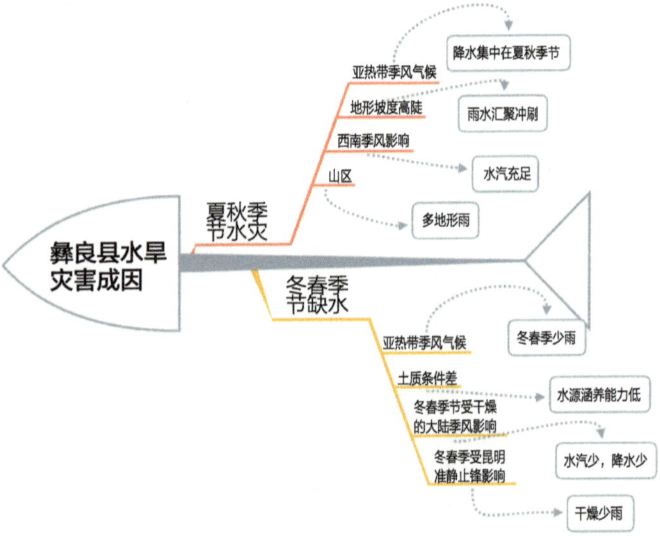

图 4–2–1　彝良县水旱灾害成因

阅读

彝良特大水灾

昭通市彝良县地处云贵川三省交界处的乌蒙山区，地形沟壑纵横，气候温差大，地质灾害频发。2020 年 6 月 29 日晚 22 时左右，受强对流天气影响，一场十年不遇的暴雨裹挟着狂风席卷乌蒙大地，造成 10 个乡（镇）66 个行政村 664 个村民小组 29 249 户 99 166 人不同程度受灾，200 余名学生家庭遭受影响。

仅洛旺乡就因暴雨造成农户房屋垮塌损毁 43 间，房屋浸水 152 间，滑坡地点受威胁群众 18 户 98 人；柳溪中学围墙倒塌，洪水倒灌进学校，操场、教学楼和学生宿舍一楼全部被淹，学校教学设施严重损坏，学生们复学条件艰苦，据统计共有 161 人的床上用品和服装被洪水冲走，亟须资助。

我国缺水类型

按照缺水原因，我国缺水类型主要分为三类。

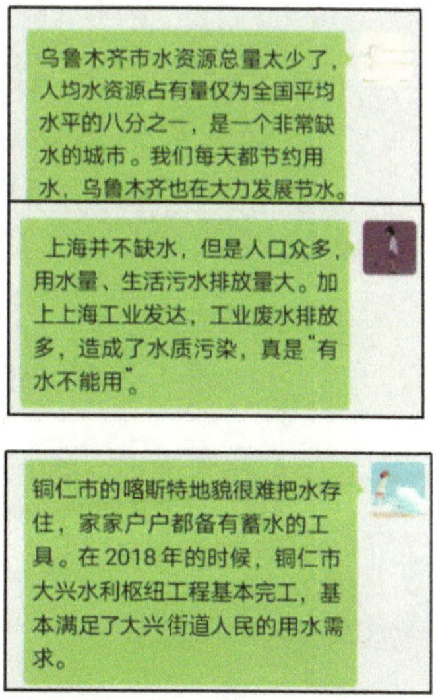

资源型缺水：指当地水资源总量少，水资源可利用量小于需求量，不能适应经济发展的需要，形成供水紧张。

水质型缺水：指大量排放的废污水造成淡水资源受污染而短缺的现象。水质型缺水往往发生在丰水区，是沿海经济发达地区共同面临的难题。

工程型缺水：指特殊的地理和地质环境存不住水，缺乏水利设施留不住水。地区的水资源总量并不短缺，但由于工程建设没有跟上，造成供水不足。

针对水资源分配不均、地质条件差造成的工程型缺水，彝良县政府做好水利基础设施建设的计划与安排，大力建设水利基础设施，确保彝良县人民生活、生产用水得到保障。

在彝良县，常见的水窖就是十分普遍的蓄水工程形式之一。水窖在缺水或水苦涩的地区用于蓄存雨水、雪水，以供不时之需。水窖在土质地区和岩石地区都有应用。

彝良县“十三五”重大水利基础设施布局如图 4-2-2 所示。

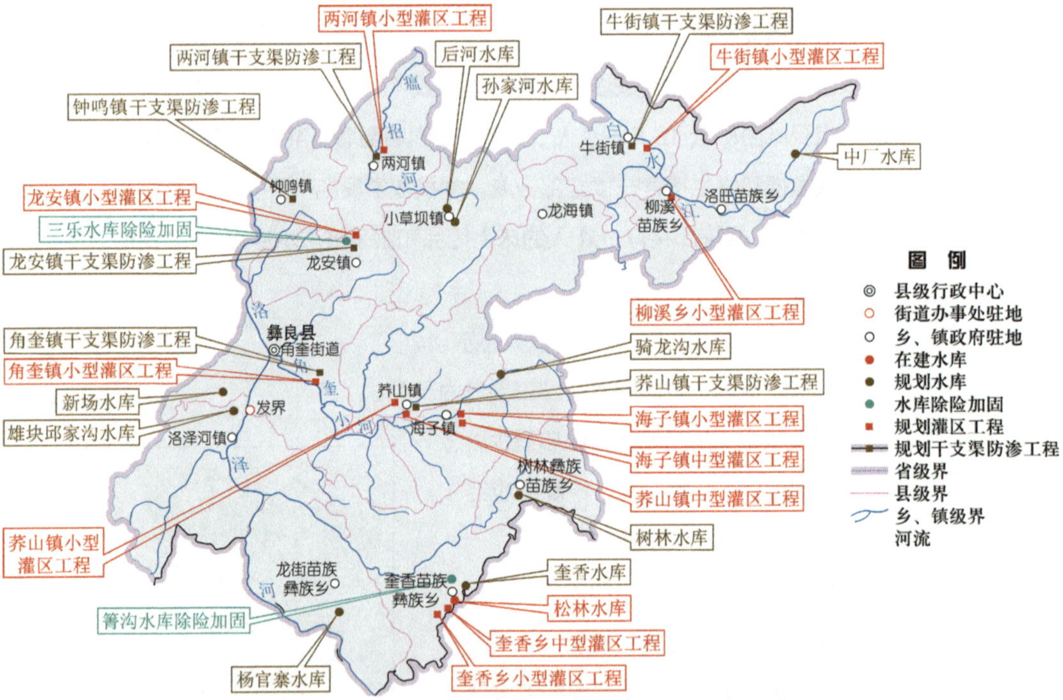

图 4-2-2　彝良县“十三五”重大水利基础设施布局[①]

活动 4-2-1

1. 读图 4-2-2 分析彝良县现有水利基础设施及其作用。
2. 绘制你所在村庄的水窖分布简图，并说明它们的作用。

① 图片来源：彝良县政府“十三五”规划报告。

第三节　主要病虫害

2012年6月，彝良县境内持续降雨，导致角奎镇发生大面积玉米黏虫（图4-3-1）、水稻稻飞虱病虫害。据初步统计，截至7月2日，造成全镇21个村8 420户37 080人受灾，受灾农作物2 000公顷，成灾1 413.33公顷，绝收333.33公顷。其中，玉米受灾1 586.67公顷，成灾1 340公顷，绝收333.33公顷；水稻受灾413.33公顷，成灾73.33公顷。直接经济损失约375万元。

图4-3-1　玉米黏虫

一、病虫害发生成因

病虫害是病害和虫害的并称，常对农、林、牧业等造成不良影响，是某区域气候、土壤、生物等自然因素与人为因素综合作用的结果。

气候是地区病虫害发生的主要条件之一，温度和湿度是影响病虫害发生的主要因素。病虫害对温度的反应与适应范围会受到各类动植物的发育阶段、温度变化与持续时间、季节等影响。湿度主要影响病虫害的生殖能力，而对动植物病虫害生长发育快慢影响不大。此外，在自然界中病虫害的发生量与危害程度还与当地的降水强度、降水次数等有关。

土壤在病虫害发生中也扮演着重要的角色，土壤微生物，土壤的物理与化学性质、温度与湿度等对病虫害都会产生影响。

生物因素主要包括食物链和天敌两个方面，一方面是病虫害对动植物的选择性和植物的抗虫性；另一方面是在自然界中，天敌的消失也会导致病虫害的发生。

病虫害的发生，天灾是一方面，还有一方面原因，就是“人祸”。人类长期不合理地施用肥料，造成土壤板结、酸化盐渍化、养分严重失调，使作物免疫力低下，产生病虫害。同时，大剂量、高频次、不科学地使用农药，导致病虫害的抗性越来越强。并且，由于人们连年重茬种植造成病原体呈指数直线上升，土壤缺素、积毒问题越来越严重，营养失衡。

二、农作物病虫害

彝良县农作物病虫害类型多样，其中水稻的稻飞虱、小麦的白粉病、柑橘的红黄蜘蛛、马铃薯的晚疫病以及天麻的霉菌等，对农作物的危害较大，不仅造成农作物大面积减产，甚至绝收，还导致农产品大批量变质，造成严重的经济损失。

（一）稻飞虱

稻飞虱（图 4-3-2）是所有农作物虫害中发生范围最广、面积最大，暴发频率最高及危害损失最重的一类害虫。稻飞虱具有跨国跨境迁飞性和暴发性的特征，个体较小也较轻，可随气流远距离迁飞，在短期内扩张种群。稻飞虱对农作物产量的影响比较大，轻者可减产 20% ～ 30%，严重时造成大片植株枯黄倒伏，减产 50% 以上，甚至绝收。彝良县常年成灾的稻飞虱主要是白背飞虱 [*Sogatella furcifera*（Horváth）]，偶有褐飞虱，其中白背飞虱可出现在河谷区较背风的局部区域。

彝良县稻飞虱迁入频次较高，常在 5—8 月形成较大规模的迁入危害，首峰最早于 5 月 6 日出现，末峰最迟是 9 月 11 日。稻飞虱的迁入与外地虫源基数及气流活动有密切关系，常随西南暖湿气流（从越南、老挝经文山北上或从缅甸、泰北经滇西绕经）迁入，雨后突增现象明显，有时 2 次迁入间隔不超过 3 天，且迁入后还受地面形势及自然扩散等因素的影响，在水平与垂直分布上都很不均匀，迎风且植被茂密的地方虫稍多。

建议采用以农民培训为核心的农业、生物和化学防治等方法防治稻飞虱，增强农民意识、倡导科学用药理念，推进防控措施，确保生产、生态和质量三个安全。农业防治包括连片种植、合理施肥、利用抗虫品种等方法，生物防治主要有利用自然天敌调控小生态环境和稻田养鸭等方法，化学防治采取的是“突出重点、压前控后”的防治策略，选用扑虱灵和吡虫啉（图 4-3-3）。

图 4-3-2　稻飞虱

图 4-3-3　喷药防治

阅读

稻飞虱喜好阴湿、茂密、嫩绿的稻田环境，适宜偏高温（26～28℃）、高湿（80%～90%）的气候条件。成虫具有很强的趋光性和趋嫩绿性，常常群集在稻丛中下部活动，在稻株茎基部、茎叶上刺吸汁液，并在中下部叶鞘上产卵。若虫也具有群居性，常群居于心叶或稻丛基部，刺吸取食。同时还排出大量蜜露，使稻丛基部变黑，叶片逐渐发黄干枯，植株泛黄，生长滞缓。

（二）小麦白粉病

白粉病也是彝良的主要农业病害之一，常造成减产 20%～30%，对小麦生产的影响比较大（图 4-3-4）。小麦白粉病具有发生早、上升快，并分别在分蘖末拔节初期、孕穗末期和灌浆后期形成三个高峰期的特点（图 4-3-5）。

第一个高峰期是彝良冬小麦的播种季节（霜降前后），小麦白粉病的发生从 11 月底或 12 月初（多数小麦只有 3～5 叶的时候开始）至翌年 2 月下旬（小麦的分蘖末拔节初期）。

随着拔节期新叶的长出，病情有所回落，进入孕穗期后，病情有回升，在孕穗后期形成第二次高峰。

在抽穗扬花期病情相对较稳定，但进入灌浆期后，病情又进一步回升，在乳熟期形成第三次高峰。若雨水来得早，4 月中上旬雨水偏多的年份，则第三个峰期将滞后或不明显。

图 4-3-4　小麦白粉病

图 4-3-5　白粉病初期

防治小麦白粉病有农业、化学和物理等方法。农业防治主要是种植抗病早熟良种和加强栽培管理技术等；化学防治则要配合施肥，适当增施磷钾肥料，化学药物采用乙嘧酚醚菌酯、三唑类杀菌剂；物理防治应用紫外线 UV-C 处理防治。

阅读

肆虐发展的白粉病

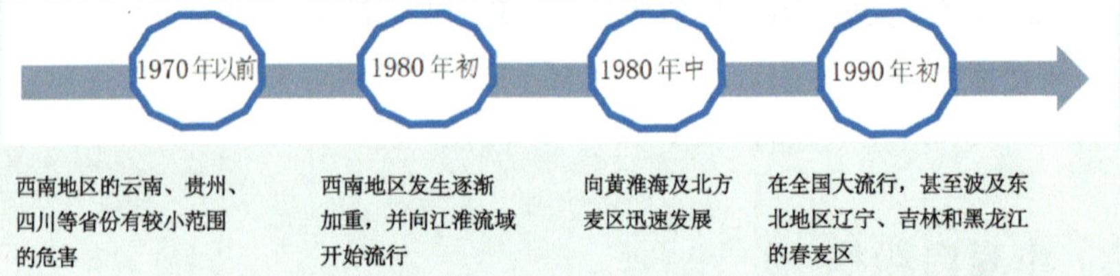

形影不离的厄尔尼诺与白粉病

研究表明，秋冬季和早春的气温偏高有利于白粉病的病菌侵染，增加来年重发的概率。冬前气温主要影响病菌在秋季的侵染繁殖和菌源基数的积累，雨水气候条件可以控制病害的流行程度，日照时数和雨日数对白粉病的发生和流行也有一定影响。

1975—1999 年，在厄尔尼诺出现的起始年，我国小麦白粉病发病面积相对明显偏低；在厄尔尼诺起始年至下一个厄尔尼诺起始年的前一年，冬小麦白粉病发病面积逐年增加，并在下一个厄尔尼诺起始年的前一年达到最大值；由此形成一个我国小麦白粉病发病面积以厄尔尼诺起始年为起点，下一个厄尔尼诺起始年的前一年为终点，总体趋势逐年增加的循环周期。

（三）柑橘红黄蜘蛛

柑橘是彝良县主要种植的水果之一，主要分布在白水江流域、小河流域和洛泽河流域 7 个乡（镇），主产区在白水江流域内的洛旺、柳溪、牛街 3 个乡（镇），15 个村。柑橘是农民的主要经济来源。红黄蜘蛛是柑橘常发螨害，严重地影响着彝良的柑橘种植。

柑橘红蜘蛛和黄蜘蛛对柑橘造成的危害各异。柑橘红蜘蛛吸食叶片、小枝、花蕾和果实汁液，致使果叶受损，严重时，叶片呈灰白色，叶背有灰尘状蜕皮壳，使叶片脱落。受害果面在幼果时呈现淡绿色斑点，在成熟时表现为淡黄色斑点，最终导致果蒂落果（图 4–3–6）。

而柑橘黄蜘蛛主要危害的是叶片，嫩枝、花蕾和幼果也有少数受害。一开始嫩叶出现黄色斑块，严重时叶片扭曲变形，然后叶片、幼果大量脱落。老叶会呈黄褐色斑，正面为淡黄色斑（图 4–3–7）。

图 4–3–6　柑橘红蜘蛛病害状

图 4–3–7　柑橘黄蜘蛛病害状

柑橘虫害防治技术主要包括农业和化学防治以及保护天敌等，农业防治一般是选择抗性强的品种和加强水肥管理与清洁田园等；化学防治是在采果后至次年春芽萌发前进行有机农药喷洒，还可用沼气发酵后的原液澄清过滤后喷施。

知识窗

柑橘红蜘蛛完成一代所需的时间随温度而异，20 ～ 30℃和 60% ～ 70% 的相对湿度是发育和繁殖的适宜条件，超过 35℃不利其生存。卵的发育起点温度为 8.2℃，25～26℃时最适于卵孵化，春季日均温达到 12℃时虫口增加，16～19℃时增长最快，20℃时盛发，30℃以上繁殖受到抑制，虫口下降。春末夏初，由于温度、湿度适宜，新梢抽发，营养丰富，是发生虫害的盛期。如高温少雨，常造成大规模发生而落叶、落果。6—8 月，由于高温多雨和天敌控制，虫口较少；9—11 月，发生虫害较轻。幼树和苗木由于嫩梢抽发多，加之日照强，天敌少，一般较成年树发生的时间长，受害也严重。

柑橘黄蜘蛛在彝良县内发生代数与红蜘蛛相同，多以成螨或卵在叶背受害处越冬，卵的发育起点温度为 5.5℃，幼虫的发育起点温度为 8.1℃，20～25℃是其发育的最适温度。1～2℃时成螨静止不动，3℃时开始活动，14～15℃时繁殖最快。春季发生虫害比红蜘蛛早 15 天左右，柑橘抽梢前后（3—5 月）是发生虫害的盛期，如高温少雨就可能发生危害，尤以开花前后为甚，6 月以后由于高温多雨和天敌控制，虫口急剧下降，秋季、冬季一般不会大规模发生虫害。

（四）马铃薯晚疫病

彝良县马铃薯晚疫病的发生一般自 4 月底至 5 月中旬开始，5 月下旬至 6 月中下旬陆续进入多发期。

图 4-3-8　干枯的马铃薯叶片

图 4-3-9　褐色的马铃薯叶片

马铃薯晚疫病出现时，叶子病斑周围有浅绿色晕圈。在湿度大的情况下，病害斑点会扩大，叶子背面是明显的褐色，并产生一圈白霉。在干燥环境时，病害斑点会变成褐色并干枯，扩散的速度变慢，其茎部或叶柄也是褐色条斑。受损严重时，叶片萎垂、卷缩，全株黑腐，全田一片枯焦，散发出腐败气味。

防治马铃薯晚疫病，可以选用无病种薯，建立无病留种田；切块用草木灰拌种后播种；适时早播，尽早出苗；发现病害时及时切除，留种田要细心挖除，减少病菌来源；种薯入窖前要严格筛选，窖内温度控制在 1 ～ 4℃ 。

知识窗

彝良地区马铃薯晚疫病发生期的差异

彝良在 2012 年的生产节令较往年有明显推迟，5 月上旬开始出现马铃薯病害，之后病害发展速度较快，在 6 月中旬进入多发期。

2013 年气候较调匀，生产节令稍早，病害自 4 月下旬开始发生，随后由于降雨多为单点性，马铃薯晚疫病势头减缓，病情发展慢，到 5 月中旬开始扩散，6 月下旬进入盛发期。

县境内南北湿度有差异，海拔高低及温度有差异，垂直性气候明显。因此，河谷地区、北部山区和南部山区病害发生期有所不同。

河谷地区病害发生相对较早，尤其是北部河谷地区。最早从齐苗后不久，3 月中旬便出现马铃薯病害，但随后往往因春旱而使病情缓慢上升，一般到 5 月中旬进入高峰期，由于临近马铃薯收获，损失相对较轻。

而北部山区由于湿度常年偏大，病害发生较早，危害程度也较重。马铃薯病害多数出现在蕾前夕，从 6 月上中旬开始由半山到高山陆续进入盛发期。

南部山区因常年春旱突出，病害发生相对偏迟，但病情上升快。4 月下旬至 6 月中下旬受气候影响较大，一般自 5 月中上旬，现蕾后开始有马铃薯病害，盛花后在 6 月中下旬陆续进入多发期。

（五）天麻霉菌

天麻霉菌病害大多在环境不良（如高温高湿、透气不良等不利于天麻生长）时进行侵袭，导致天麻块茎皮部萎黄、中心组织腐烂、内部成稀浆状，最终因腐烂发臭空壳死亡（图 4–3–10）。

天麻病害的防治方法主要有选沙土、加强栽培监测和加大菌种量等方式，包括选择透水、透气性好的沙壤土，不要选熟地、黏土或涝渣积水地；发现杂菌感染的菌材去掉不用，保持菌材纯净；菌材间要用沙土填实（填不满的地方，留出空隙，下雨会积水，易生杂菌）；菌种（菌材）用量多，促使蜜环菌旺盛生长，从而抑制杂菌生长。

（六）花椒根腐病

花椒根腐病常发生在苗圃和成年椒园中，是由腐皮镰孢菌引起的一种土传病害。受害植株根部变色腐烂，有异臭味，根皮与木质部脱离，木质部呈黑色。地上部分叶形小而色黄，枝条发育不全，严重时全株死亡（图 4–3–11）。病菌以菌核和菌丝体在有病苗木上和土壤内越冬。7—8 月雨季过后，土温骤升，苗木茎基部常被灼伤，伴随其他机械伤，病菌即从伤口侵入。因此，凡是雨季结束早，气温上升快或持续时间长的月份，苗木发病严重。如大水漫灌及暴雨后不及时排水等造成的灌水、排水不当，也易引起此病的发生。

防治花椒根腐病可以从两方面出发，一是需要做好园区种植密度管理和排水灌溉管理，保持园区内的通风干燥；二是在种植前需要对土壤和植株根部进行消毒处理，可以利用生石灰或者 15% 粉锈宁 500 ～ 800 倍溶液进行土壤消毒，然后用 50% 的甲基托布津进行根部消毒处理。通过双重消毒处理，能够有效防治花椒根腐病。

图 4–3–10　天麻病害

图 4–3–11　花椒根腐病

知识窗

花椒根腐病发生的原因

施用二铵、尿素、硫酸钾、复合肥、复混肥等化学肥料，破坏了土壤，对果树的损害是灾难性的。

施用未经发酵腐熟的农家肥，造成烂根死树。大量未经发酵腐熟的人、畜、禽粪直接施入果园土壤中，其携带的大量病菌、害虫、盐分等，都会对根系造成严重损伤，重者会造成烂根死树。

长期放弃土壤管理，加剧了土壤板结。果园长期不予整刨，春、夏灭草全部依靠灭草剂，只灭了杂草，而不能疏通土壤的通气性，致使活土层长期处于严重板结状态，而且把果树的根系引向地表层，既不抗旱，又不耐涝。雨后造成土壤通气不良，根系窒息而大量落叶。

排水设施遭堵塞，排水不畅呈内涝。过去在果园内，树冠下高，大雨过后不积水。行间低，旱天能浇水，大雨过后能排水。果园地头设有排水沟，大雨过后能顺利排水，一般不会积水成涝。近几十年，有的把地头排水沟填平，为多栽几棵果树；有的为三轮车出入方便，把排水沟填平等，造成排水不畅而使果树产生根腐病。

（七）竹秆锈病

彝良县深受竹秆锈病的危害，主要危害淡竹、刚竹等竹种。病害多发生在竹子中、下部或基部，发病严重时竹子上部也会受到危害。

每年冬季至次年春季，被害竹子产生圆至椭圆形砖红色冬孢子堆，冬孢子堆常连接成片，有时长达数十厘米，连片的冬孢子堆紧密结成毡状。夏季5—6月，在冬孢子堆的外围产生棕色夏孢子堆。夏孢子堆呈椭圆形，互相连接成片、条状，后期突破角质层外露，呈棕色粉质状（图4-3-12）。

图4-3-12　竹秆锈病

竹秆锈病防治可以选用 1 ∶ 1 的柴油加煤焦油涂治；竹林压土并加入有机肥，能有效压住基部的秆锈病斑；加强竹林抚育管理和合理砍伐，清除病株，减少侵染源；在春、秋季节夏孢子堆和冬孢子堆产生前，喷 0.5 ～ 1 波美度的石灰硫黄合剂数次。

三、家畜病害

（一）猪气喘病

猪气喘病是由猪肺炎支原体 (*Mycoplasma hyopneumoniae*) 引起的一种慢性呼吸道疾病，又称为猪支原体肺炎。每年春季，各种细菌和病毒开始苏醒并进行生长和繁殖，天气冷暖不定，温度的变化会导致生猪免疫力和抗病能力下降，细菌和病毒易侵入生猪体内，导致生猪患病。彝良县每年都会有大量的生猪由于呼吸道感染而导致气喘病死亡（图 4–3–13）。

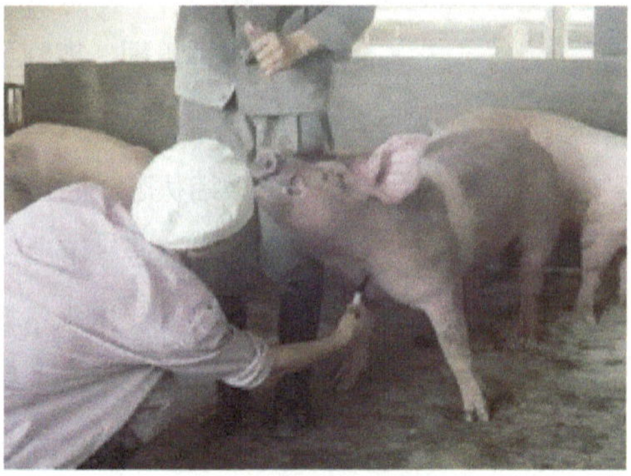
图 4–3–13　猪气喘病害

猪气喘病的特点是通过呼吸道即可在猪群内互相传染。这种疾病传染速度快，传播范围广，且并发症多，死亡率高，因此要进行重点防治。

猪气喘病的防治主要采取综合防治措施。第一，改变和完善饲养方式，做到养猪生产各阶段的全进全出，避免将不同日龄、不同来源的猪混群饲养，从而减少和降低猪群之间猪肺炎支原体的接触感染机会。第二，建立猪场完善的生物安全体系，将消毒卫生工作贯穿养猪生产的各个环节。第三，提高猪群的饲养管理水平，改善猪群饲养环境，减少猪群的应激因素，做好猪舍的通风、换气，改善猪舍的空气质量。第四，使用高质量的饲料，提高猪群的营养水平。

知识窗

猪气喘病流行新趋势

猪气喘病的病原在一些猪场分布广泛，仔猪发病率增高，成年猪多呈隐性感染。以往不同日龄的猪均可感染发病，育肥猪隐性感染较少。近年来仔猪发病率有增加趋势，特别是在 25～45 日龄仔猪断奶时期，由于分群、变换饲料和改变饲养环境等产生的应激反应，导致仔猪抗病力下降，容易发生该病，且仔猪期发病率和死亡率较其他时期都高。

规模化养殖场发病率增高，发病面积扩大。随着规模化养猪业的发展，异地引种和流通频繁，但在引种和流通交易过程中，由于检疫把关不严，未严格按照检疫规程实施产地检疫和实验室检验，不能准确识别出“病猪”，造成许多携带病原微生物的隐性感染猪带菌异地传播，导致该病在一些猪场大面积流行；同时，由于规模化养殖场生猪饲养密度较大，若饲养管理不善，发病率远高于散养户。

发病季节明显，混合感染居多。冬、春季节由于气温较低，许多养殖场为了保证猪舍温度而忽视了通风换气，导致空气质量下降，最容易诱发该病。流行病学调查显示，该病在饲养管理和卫生条件差的猪场最容易发生。例如，有的猪场防疫消毒不严格，导致养殖场环境污染严重，多种病原长期存在，猪群处于隐性感染状态，一旦机体抵抗力下降，即可引起混合感染，造成多种疾病同时发生，从而加大了防治难度。

（二）鸡白痢病

鸡白痢是一种细菌性传染病，大小鸡都可发病，但尤以半月龄内的雏鸡较为多见，死亡率较高。本病是一种极其常见的传染病，由鸡白痢沙氏杆菌引起，其排泄物是重要的传播媒介，同时也可通过鸡蛋垂直传播。

图 4–3–14　鸡白痢病

雏鸡表现为不吃饲料、怕冷、身体蜷缩、翅膀下垂、精神沉郁或昏睡等，排白色黏稠或淡黄色、淡绿色稀便，肛门有时被硬结的粪块封闭，排便时发出“吱吱”叫声，呼吸困难（图 4–3–14）。成年鸡多为隐性带菌，无临床症状，少数感染严重的病鸡表现精神萎靡，排黄绿色或蛋清样稀便，常出现腹膜炎变化。产蛋鸡可见卵巢萎缩，卵子变性，病鸡产蛋停止。

鸡白痢病的防治采取检疫净化鸡群、严格消毒、药物治疗等方法。例如，检出并淘汰带菌种鸡；孵化室建立严格的消毒制度；选用呋喃类、磺胺类、抗生素、喹诺酮类药物等交替用药。

活动 4-3-1

自由组合小组，在本学期，留心身边的各种动植物的病虫害，完成病虫害记录表。

根据彝良的气候、土壤、光照、水文等地理条件，能否找到一些抗病虫害能力强的种植作物？

彝良县病虫害记录表

类型	特点	发生时间	危害	发生原因	防控对策
小麦白粉病					
柑橘红蜘蛛病					
柑橘黄蜘蛛病					
马铃薯晚疫病					
天麻霉菌					
花椒根腐病					
竹秆锈病					
猪气喘病					
鸡白痢病					

5

YILIANG DILI

第五章

人居环境畅想与建设

从零星分散的低矮草屋到集中连片的城市高楼，彝良人民在生产实践中根据人文风情和经济水平，因地制宜、不断优化城乡空间结构，创造出了独特的地域文化景观。

在新时代“乡村振兴”背景下，彝良正在构筑着可持续发展的生态宜居新家园！

第一节　城镇与乡村

故乡的歌是一支清远的笛，
总在有月亮的晚上响起。
故乡的面貌却是一种模糊的怅惘，
仿佛雾里的挥手别离。
离别后，
乡愁是一棵没有年轮的树，
永不老去。

问题

你心中的乡村是怎样的？

一、乡村聚落空间形态和地域结构

“乡村”一词起源于俄文，有垦荒、从树林中开辟耕地等意义。中共中央、国务院发布的《乡村振兴战略规划（2018—2022年）》①中明确指出：乡村是具有自然、社会、经济特征的地域综合体，兼具生产、生活、生态、文化等多重功能，与城镇互促互进、共生共存，共同构成人类活动的主要空间。乡村聚落空间形态指乡村聚落的外部形态，即乡村居民居住地在地表所占据的表面空间样式，主要分为集聚型和分散型。

无论是在城市还是在乡村，各类活动都需要占用一定数量的土地，各个乡村的土地利用方式不同而形成不同的功能区。按照功能划分，乡村内部的功能区主要有公共空间、居住区和生产区等。公共空间是指村民进行各种活动和交流的场所，如街巷、水井、学校、村委会等；居住区是指为村民提供歇息的场所，房屋是最常见的形式；生产区是指农业生产直接或间接利用的土地，如耕地、园地、林地、农田水利设施及田间道路等。它们之间的相对位置关系则构成了乡村地域结构。

合理的地域结构调整能够为该区域人民提供便利的基础服务设施，提升人民的生活品质和幸福感，形成新的城乡面貌格局。

彝良城乡景观见图 5-1-1。

图 5-1-1　彝良城乡景观

① 中华人民共和国中央人民政府．中共中央　国务院关于实施乡村振兴战略的意见 [EB/OL].[2018-02-04].http://www.gov.cn/xinwen/2018-02/04/content_5263807.htm.

二、彝良乡村聚落空间形态

我们一般将乡村聚落空间形态分为集聚型与分散型。集聚型乡村聚落大多出现在人口集聚的旱作农业地区。这些农业地区，由于开发的历史悠久，村落中的居民多代定居于该处，人口逐渐增多，最终形成具有一定规模的聚落。集聚型根据形状还可以细分为团块状村落、带状村落和分散状村落。而分散型乡村聚落多分布在两种条件的地区：一种是地形条件不好的地区，另一种是特殊的生产地区。根据上述标准，彝良县的乡村可以分为团块集聚型村落、带状集聚型村落和分散型村落。

（一）团块集聚型村落

团块集聚型村落通常分布在彝良县坝子地区或者开阔的河谷地区。此类型村落公共基础设施完善并集中，自然经济条件好，村落周围有大量耕地、林地，但随着聚落的发展，建设用地需求的增加，违规占用耕地、林地等土地问题也会加剧。彝良县奎香乡就是典型的团块集聚型村落（图 5–1–2）。

图 5–1–2　彝良县奎香乡

（二）带状集聚型村落

带状集聚型村落是彝良县分布范围最广的村落类型，其主要分布在河谷地带或主要道路两侧。村落的集聚程度较团块状低，因聚落形态呈条带状，土地、人口、房屋也呈狭长形分布，这给公共服务设施的配套和建设带来了巨大的挑战。例如，牛街古镇沿白水江分布（图 5–1–3），洛泽河镇沿洛泽河分布，小草坝镇沿彝牛公路呈带状分布。

图 5-1-3　彝良县牛街古镇

（三）分散型村落

由于彝良县山区分布广，地形复杂且适宜建设的用地少，因此很多地区的住宅建筑选址往往见缝插针，聚落也呈现分散型，这种类型村落在彝良也最为常见。这种乡村聚落缺乏整体的统一性，离学校、卫生所、政府驻地等较远，公共基础设施建设落后，房屋与房屋之间的联系不够紧密。例如，彝良县的发鸡村（图 5-1-4）。

图 5-1-4　彝良县发鸡村

活动 5-1-1

下述两种方式任选其一，分析村镇（聚落）的空间形态。

1. 登上某村镇（如你家或附近的村镇）的高山，观察并分析本村的空间形态及其空间结构。

2. 上网搜索你所在村镇的地图，绘制草图，分析并归纳村镇（聚落）的空间形态和空间结构特征。

三、彝良县地域结构

聚落不仅是房屋的集合体，还包括与居住地相关的其他生活设施和生产设施，是人类生产、居住、休息和社会交往的空间场所，可以分为乡村与城市两大类型。聚落空间形态是指该聚落中各种功能构成要素的空间分布状态与空间组合形式，形成聚落的轮廓；聚落地域结构指该聚落空间中不同功能分区的组成结构，构成聚落的肌理。彝良县地域结构包括乡村地域结构和县城地域结构两大类。

（一）彝良乡村地域结构

小草坝镇是彝良乡村地域结构的缩影。从总体上看，彝良小草坝的地域空间结构比较简单。具体来看，除林地外，农业生产区占据规模相对较大，居住区和公共空间等的用地规模相对较小，自然与文化遗产保护区用地也有分布（图 5-1-5）。

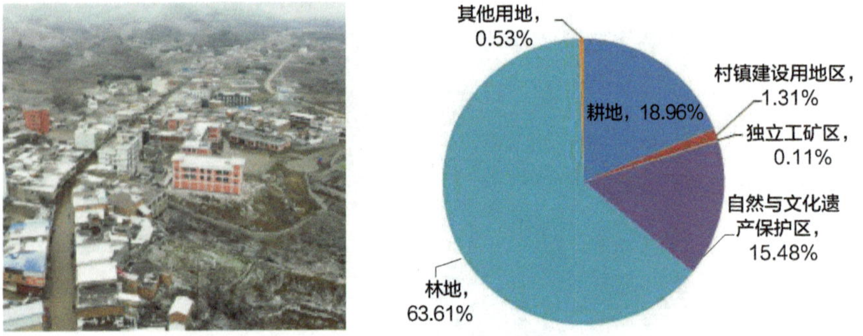

图 5-1-5　小草坝镇鸟瞰及土地利用结构

随着社会经济和产业结构的调整，小草坝的内部结构也在发生着翻天覆地的变化。根据《彝良小草坝天麻特色小镇控制性详细规划》，小草坝以天麻特色小镇为发展方向，规划形成产业片区、居住片区、旅游片区、物流片区、生态片区，以及绿地、水域、农业用地等功能区划分，从而科学合理地利用小草坝空间资源（图 5-1-6）。

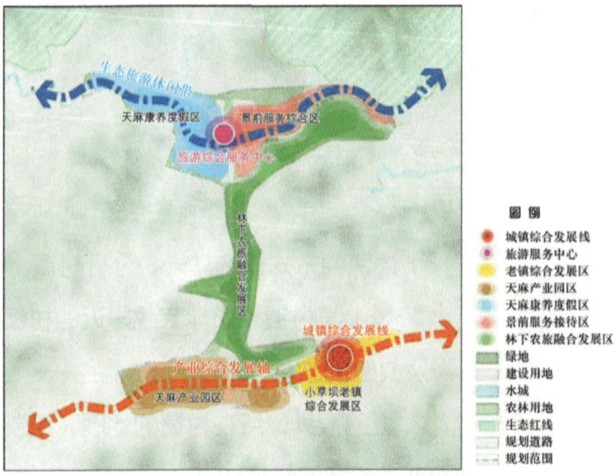

图 5-1-6　小草坝镇空间结构规划

（二）彝良县城地域结构

1. 彝良县城空间结构

“四周群山环绕，三河穿城而过”，这是初见彝良县城时的样子。

彝良县城四周群山环绕，高差变化明显，发达河、洛泽河、小米溪 3 条河流将县城分为 3 个片区，分别为现代城市景观风貌塑造区、滨河景观风貌提升塑造区和老城景观风貌提升塑造区，形成了彝良县城山水相依、水中有城、城中有水的城市特点。城市形态基本呈背山面水、山环城、城含水、水绕城、城市依水而建的组团式发展态势，城市空间肌理基本形成（图 5–1–7）。

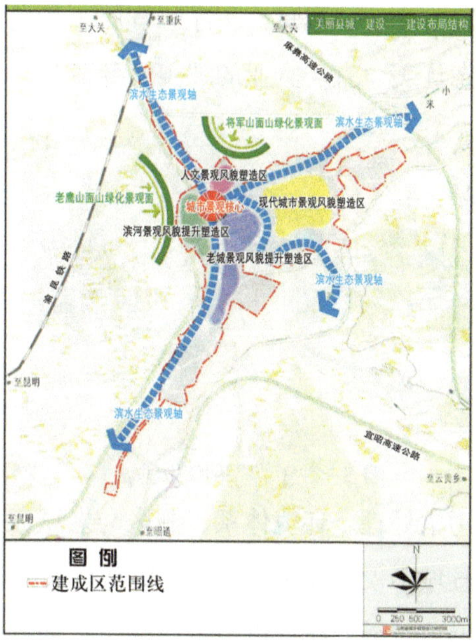

图 5–1–7　彝良县城结构

县城区的主要街道和干道有环城北路、环城西路、东正街、人民街、振兴街等，周围分布着彝良县人民政府、彝良财富中心、财富中心农贸市场、各类商务酒店、电影院、医院和中学等功能区域。

阅读

彝良县“一心四片”总体空间结构

为加快高质量跨越发展，按照功能协调互动、产业相对集聚、区域联动协作的原则，彝良县构建“一心四片”的空间结构。其中，“一心”是以县城为经济发展主中心，通过创建美丽县城，突出县城政治、经济、文化和城镇化发展中心地位，充分发挥其在经济社会发展中的龙头带动和核心引领作用。“四片”为中部片区的钟鸣、角奎、洛泽河，东南部片区的奎香、龙街、树林、海子、荞山，北部片区的龙安、两河、小草坝、龙海和北部片区的牛街、柳溪、洛旺。

2. 彝良县城建设

2019 年，彝良“美丽县城”建设工作全面启动。按照高质量发展的要求，以人民为中心，聚焦“干净、宜居、特色”三大要素，努力建设特色鲜明、功能完善、生态优美、宜居宜业的“美丽彝良”。

（1）“干净”县城

图 5-1-8 “干净”县城

干净是市民最直接的生活条件需求，是城市最直观的外在形象，也是文明城市、卫生城市最基本、最重要的因素。同时，城市干净不仅是城市面貌管理干净，也是涵养城区人民气质、品质的一个重要方面。

彝良县为打造干净的美丽县城，对公厕、污水处理、环卫体系、棚区与老城区、干道等基础设施进行了全方位改造。“干净”县城不仅是设施的建设，更是理念的建设，为此我们要真正从自己做起，从小事做起，形成“爱干净、讲卫生”的生活理念，促进 “干净”县城的建设（图 5-1-8）。

（2）“宜居”县城

城市作为人居环境最主要的形式，宜居一直是人们自古以来不懈的追求。传统的城市规划方式忽略了城市生态性，引发了诸多“城市病”。随着时代和经济的发展，人们逐渐意识到生态的重要性，促进了宜居城市建设（图 5-1-9）。

宜居城市需要满足以下三方面条件。一是生态环境良好。彝良县以公共绿化为主题，对城市绿化进行了科学合理的规划。二是生活条件较为完备。全县加大了基础设施改善力度，大幅提升城市空间生活的基础服务设施便利程度。三是文化氛围良好。优化教育资源配置，提升教育水平，力争发展一所优质的高中学校。

图 5-1-9 “宜居”县城

宜居彝良的规划与建设应遵循可持续发展原则，坚持生态优先、绿色发展，在满足彝良人民基本生活需求的基础上，进一步聚焦美丽宜居彝良建设，构建高品质生活场景和新经济消费场景，加快推动生态价值转化，创造宜居宜业生活环境，从而提升彝良县核心竞争力。

（3）“红色”县城

彝良县城建设不仅要合理规划、科学管理、注重品质、扩大成效，更重要的是重视“精神文化”的导入。彝良县城内有罗炳辉将军纪念馆（图 5-1-10）、刘平楷故居等爱国主义示范基地。依托彝良红色文化优势，积极融入长江经济带和成渝经济区，将彝良县城打造成为兼具文化和生态休闲度假功能的特色旅游文化美丽城市。

图 5-1-10　罗炳辉将军纪念馆

彝良县城目前已经形成滨河东路和财富中心两条主题街区，其中滨河东路是以特色饮食、特色小吃为核心的主题街区，财富中心是以综合购物、商贸服务为核心的主题街区。两条街区主题鲜明，融入了彝良风情特色的饮食文化和休闲文化。

阅读

角奎的前世今生

“角奎”一词的来源。据说，在明朝的时候角奎还不叫角奎，那个时候称为葛魁。葛魁之名，何意？现在有人认为它的意思是葛僚族首领居住的地方。葛僚族是什么样的民族？据说明正德十二年（1518 年）在角奎一带领导农民起义的普法恶就是葛僚族（也有资料说普法恶是倮人）。

清朝乾隆年间开始编撰的《镇雄州志》记载，现在的角奎在当时名叫“戈魁”。《昭通地区志》和《彝良县志》均记载，在宣统元年（1909 年），彝良县的治所从奎香迁到戈魁，1910 年更名为角奎。而《云南省彝良县地名志》记录的是，1913 年，当时的彝良部分文人觉得“戈魁”二字字义不佳，就取了角木蛟、奎木狼二宿星名的第一个字为名，因此叫“角奎”，虽然是新名字，却又跟原名谐音，因此一直沿用至今。

早先的时候，角奎并非像现在这样，当时只有零星的人家，当时的人们通常会在大院里的黄葛树下进行交易，那时这个地方被称为赶草坝场。清朝同治年间，一个叫刘朝富的人在廖家灰包一带沿河修了一排木头房子，于是这里逐渐形成了一条街道，名字叫作盐行街，后来改名为老新街，1966 年改名为胜利街。现在人们依旧沿用着这个名字。

彝良县城的正街也就是现在的东正街和西正街，革命烈士刘平楷的故居就在东正街上。当时，东正街和西正街统称为正街，民国时期一个叫陈福星的人在正街中段建了两排私人住宅，把正街分成了两段。而陈福星所建的两排房子中间形成一条街道，便取名为福星街。1949 年以后，福星街更名为新街，1966 年，新街改名为人民街，并一直沿用下来。那时的人民街茅檐低矮，街道拐弯抹角，很有自然的古趣，如今的人民街呈一条直线，从头可以望得见尾。

彝良有一条街道叫创业街。这条街虽然很多人都知道，但真正要找，却不易找到。它东起中河坝，西到彝良一中，是一片坡地，零星分布着一些民宅，算不上真正意义上的街道。1974 年 5 月 11 日，彝良周边的大关、永善发生 7.1 级地震，殃及彝良，彝良受灾严重，政府划拨抗震救灾款修建了那一段受损严重的民房，之后就取名为创业街。

县城日新月异，一切在悄然改变。

中河坝对岸的堰坝塘，曾经有一个农家乐叫翠河村，自 2011 年起，这里变成了一个住宅小区——江韵豪庭。

从前鱼种站一带曾是一片农田，几年前建成了一个住宅小区，取名为“渔湖新城”，旁边也在开发住宅小区。

西正街两层高的瓦舍木屋变成一座二十层高的楼房，街道也改名为“西正丽街”。

每一个地名的诞生或改变，都有着深刻的时代印迹，这些年，老建筑一点点消失，新建的住宅小区一个个出现，新地名也随此不断涌现。

活动 5-1-2

材料一

彝良县地域狭小，土地资源总量不多，经过长期的开发利用，目前适宜开发为耕地的荒山、荒地、荒滩已越来越少，其开垦潜力将接近临界状态。因此，未来建设占用耕地与补充耕地的“占补平衡”矛盾必将进一步加剧。据调查和统计，彝良县基于第二次土地调查的自然保留地为 5 096 公顷，由于自然条件的限制，可开发为耕地的土地极少，且连片分布很少，大多呈零散分布状态。因此，如何破解保护耕地与保障发展间的巨大矛盾，已成为彝良县未来土地资源可持续利用战略和经济社会科学发展中的重大难题。

材料二

2016 年以来，彝良县按照市委、市政府关于实施殡葬改革的一系列工作部署要求，努力克服彝良县基础设施建设滞后、群众陈旧思想严重、县级财力匮乏等问题，积极抓好、落实好殡葬改革各项工作。全县殡葬改革工作取得一定成效。

活动任务：

×××的爷爷不幸去世，全家人悲痛万分，多数家人表示要筹钱买地好好安葬辛苦了一辈子的爷爷。×××的父母是国家干部，如果你是×××，你会怎样做？（提示：可以全班大讨论，也可以开展辩论赛）

第二节　休闲活动与旅游

分享

小草坝镇位于云贵川渝三省一市的中心位置，地处彝良县腹地，东与龙海镇接壤，南与荞山镇交界，西与龙安镇相连，北与两河镇毗邻。全镇春凉、夏暖、秋冷、冬寒，四季气候特征十分明显（图5-2-1）。小草坝镇长期多雾，阴雨潮湿，其独特的地理条件和气候资源是生产优质竹笋的最佳地带。此地盛产世界闻名的小草坝天麻，素有“天麻之乡”“世界天麻原产地”的美誉。

图5-2-1　彝良县小草坝的“春、夏、秋、冬”

你听说过小草坝镇吗？你所了解的小草坝镇是怎样的？

一、彝良县的休闲活动

休闲活动指人们在休闲时间内进行的活动，休闲活动有广义和狭义两个层面的含义。广义的休闲活动指在闲暇时间内所从事的活动，可以根据自身的喜好进行选择。个体从这些活动中获得惯常生活事务所不能给予的身心愉悦、精神满足和自我实现与发展。狭义的休闲活动则包括日常休闲活动和一日游，也是我们常用的休闲活动的概念。

休闲活动作为一种全新的生活形态，满足了人们日常余暇时间愉悦、安逸、探索等的心理需求和调整、平衡生理的活动需求。休闲活动有多种类型，结合实际情况，彝良的休闲活动大致分为 6 类。

（一）教育类休闲活动

彝良县民众通过参观罗炳辉纪念馆、观看“戏曲进乡村”文化惠民演出、参与“4·23 世界读书日”等活动，得到一些启示和教育，从而达到陶冶情操的目的。

（二）创作类休闲活动

人们利用余暇时间尝试进行绘画、书法、摄影、园艺、烹调、插花等活动，以满足自己的业余兴趣爱好和发展自我潜能的需要，并按照自己的主观愿望，进行一定程度上的创作和实践。

（三）健身类休闲活动

人们通过日常性的体育健身活动，如散步、跑步、打拳、游泳、打球、骑车，以及其他各种形式的室内外健身活动，实现强健体魄，提高身体素质的目的。广场舞、健身跑等活动是彝良县最为常见的健身类休闲活动（图 5-2-2）。

图 5-2-2　彝良县广场舞大赛

（四）娱乐类休闲活动

此类活动主要是指人们从事纯粹的娱乐活动，如搓麻将、打纸牌、玩游戏机、跳舞或其他娱乐型的社会交际活动。通过与社会相应层次人员的沟通，愉悦身心和获得快乐的感受。

（五）旅游类休闲活动

人们利用节假日和带薪假期在本地、外省市或境外进行旅游观光、旅游度假，以及其他各类形式的娱乐旅游活动。例如，为了丰富本地的休闲活动类型，吸引游客，彝良县政府在牛街镇举办了以“旺猪贺岁，欢乐祥瑞”为主题的彝良首届龙灯文化旅游节（图 5–2–3）。

图 5–2–3　彝良首届龙灯文化旅游节

（六）社会公共服务类休闲活动

此类活动主要指人们利用工作和家务活动之余，参加咨询、帮困、志愿者行动及其他各种公益性的社会服务活动，拓展自己作为公民应尽的社会义务的意识内涵，提高自己的社会文明程度（图 5–2–4）。

图 5–2–4　彝良县志愿服务活动

活动 5-2-1　健康的休闲大讨论

随着生活水平的提高和生活节奏的加快，人们通过各种类型的休闲活动来缓解压力，放松身心。但是部分地区休闲活动开发不足，休闲项目稀缺，于是部分人转向赌博、迷信等低级趣味活动，这种现象在我们身边屡见不鲜。据报道，2019年8月7日15时，城区交巡警大队、角奎派出所等组织30余名警力在彝良县角奎镇一居民楼中成功捣毁一赌博窝点，当场抓获参与赌博人员63人。

图 5-2-5　彝良警方捣毁赌博窝点

1. 结合身边的实际情况，分析出现“赌博”这种低级趣味活动的原因。

2. 你平时闲暇时间是怎样度过的？彝良县可以作为休闲活动的场所有哪些？

二、彝良县的旅游

旅游是现代社会中居民的一种短期性的生活方式。在人们日常的休闲时间中，从一地到另一地欣赏、感受自然和人文景观的活动，逐渐成为休闲生活方式的重要选择，可以将其看作一种特殊形式的休闲活动。随着休闲产业在经济中的比重越来越大，旅游业成为休闲产业的核心，旅游资源的开发推动着经济社会的发展，促进了产业结构的优化。

（一）彝良县旅游资源状况

旅游资源是指在自然界和人类社会中，能对旅游者产生吸引力，可以为旅游业开发利用并产生经济效益、社会效益和环境效益的各种事物和因素。其地理特征是基本上固定在资源所在地的。

彝良县自然环境多样、人文历史悠久，造就了丰富的旅游资源。彝良县旅游资源可按三级分类：一级分类为自然旅游资源和人文旅游资源两大类别；二级分类为地文景观类、水域风光类、天象景观类、生物景观类、历史遗迹类、古建筑类、城乡风光类、休闲设施类、民俗风情类和商品购物类 10 个大类；三级分类为生物化石点、瀑布、古树名木、古城遗址、园林、特色城镇等。全县有多处旅游资源景点，其中地文景观类 43 个、水域风光类 36 个、天象景观类 14 个、生物景观类 72 个、历史遗迹类 50 个、古建筑类 34 个、城乡风光类 37 个、休闲设施类 18 个、民俗风情类 49 个、商品购物类 51 个（图 5-2-6 和表 5-2-1）。

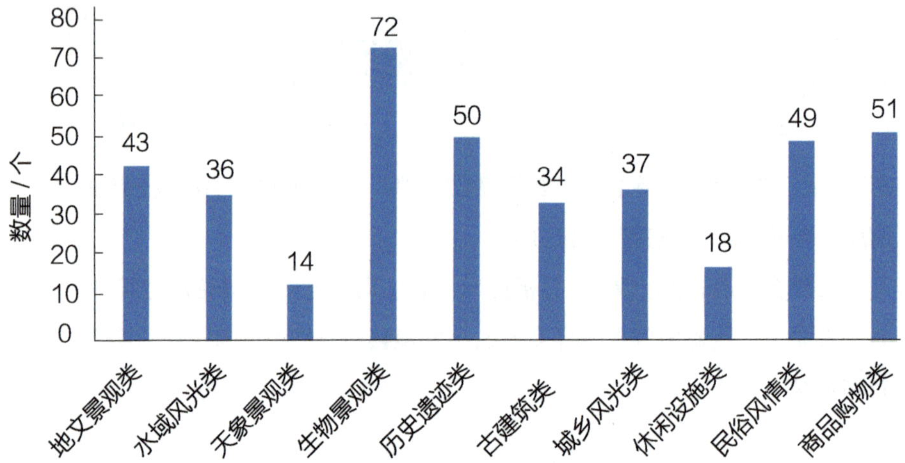

图 5-2-6 彝良县旅游资源概况

表 5-2-1 彝良县主要景点（部分）

地文景观类	发达闸塘古生物化石采集点、龙安桂家湾象骨化石采集点、小草坝阴河鱼类化石采集点、猫猫山滑坡泥石流遗迹、大黑山、猫猫山、两河口溶洞、万佛奇洞、陡口燕洞、格闹河峡谷、牛角岩、闷山坪石林、兔儿石、雷打石、环河盘石
水域风光类	洛泽河、白水江、发达河、毛稗田湖、钟鸣水库、夹石马水库、玉龙山瀑布群、罗汉坝瀑布群、发达溶洞瀑布、迎客瀑布、发达花溪温泉、小草坝息气泉、木坪龙洞泉
天象景观类	眺望台日出日落、大黑山日出日落、朝天马日出日落、钟鸣号林口云海、朝天庙云海、大黑山云海、牛街烟雨、龙海烟雨、树林烟雨

生物景观类	云南松林、海子坪珙桐、梭嘎银杏、牛街樟树、角奎大叶榕、龙安桂花树、兰花、杜鹃花、岩韭菜、奎香雨龙山草场、金钱豹、白腹锦鸡、岩羊、海子坪自然保护区（毛竹等）、罗汉坝（五撇枫树等）
历史遗迹类	龙街矿冶遗址、两河铜厂遗址、奎香寸田红二、六军团指挥部、镇雄经奎香至昭通驿道、角奎至牛街驿道、双河渡、彝良州同衙署遗址（奎香）、牛街衙署遗址
古建筑类	三皇庙、牛街观音堂、角奎牛王庙、朝天庙、陇氏庄园园林、牛街石拱桥、龙安陆家老大门、猫猫山罗家遗址、两河衢飞桥、兴文桥、陇维崧陵园、钟鸣石门坎摩崖、龙潭大堰
城乡风光类	罗炳辉故居、小草坝烈士陵园、刘平楷故居遗址、牛街镇、洛泽河镇、角奎街道、洛旺茶园、龙海茶园、彝洛电站、桃子坪田野、木椿沟、向家湾、拖姑梅
休闲设施类	将军山公园、瘦石山公园、灯光球场、三乐足球场、一中综合体育场、彝良老干部活动中心
民俗风情类	花山节、火把节、十月年、芦笙舞、毕肃那、阿说喀、彝族酒礼歌、踩月亮、游方、挑金银水、抽陀螺、放风筝、举石锁
商品购物类	彝良商贸中心、龙安天麻集市、牛街集市、苗族蜡染、彝族刺绣、天麻、茶叶、土笋、荞粑粑、桐子叶粑粑、朝天马庙会、观音会、盘龙会

探究 5-2-1

目前彝良县的旅游产业在国民经济中占比不大，知名度也不大，你认为彝良县旅游业具有发展潜力吗？说明理由。开发旅游资源应该具备哪些条件？

阅读

牛街古镇

牛街古镇（图 5-2-7）地处彝良县城的东北部，距县城 78 千米，介于川滇边界，交通便利，是彝良的“北大门”。牛街古镇始建于东汉时期，初兴于明朝洪武时期，鼎盛于清朝乾隆时期。因逢农历的牛、羊日赶大、小场而得此名。“拉不完的昭通货”在这里集中、“填不满的叙府城”从这里启运，至今牛街仍保留着商业重镇的美称。到此能充分体验到“上云南，下四川”的奇特地理现象，感受到中原文化、蜀国文化和古滇文化交相辉映的美好。

图 5-2-7　牛街古镇

活动 5-2-2

某旅行社面对青少年群体开发了“彝良两日游”的旅游产品，但是旅行社对彝良知之甚少，请你帮助旅行社设计具体的旅游方案。

（二）彝良县地理位置与交通

旅游资源所在地的地理位置及交通条件，直接影响其开发价值。优越的位置和方便的交通，可以使游客“进得来、出得去、散得开”。

彝良县地处云南省东北部的云、贵、川三省接合部的乌蒙山区，距昭通市 71 千米，距昆明 413 千米，距贵阳 452 千米，距成都 455 千米。近年来，彝良继续推进宜昭高速彝良段、昭泸高速彝威段、渝昆高铁等交通项目，加快彝良至小草坝一级公路、洛旺溪口至海子坪三级公路、彝良柳溪至坪上等旅游公路建设，不断完善彝良交通网络体系，使人们可以更便捷、舒适、快速地到达彝良县各个旅游景点。

活动 5-2-3

根据教材叙述，绘制一幅彝良县区位示意图。

（三）彝良县旅游资源的客源市场

旅游地的旅游经济价值大小，有时并不一定与其游览价值成正比，而是在很大程度上取决于客源市场的情况。一个地区即使有再好的旅游资源，如果没有客源市场或客源不足，旅游资源的开发也不会产生良好的效益。客源市场主要受客源地、客源地与旅游地的距离这两大指标影响。游客的来源地称为客源地，客源地的形成是经济发展到一定阶段的产物。

近年来，彝良县经济发展成果显著，人们对于休闲运动与旅游的需求也随之增加，本地客源也逐渐成为彝良旅游的重要市场。此外，彝良县拥有得天独厚的外地客源优势，彝良县正处于云、贵、川接合部，距离成都、重庆、昆明、贵阳等西南地区大城市都不超过 500 千米，车程都在 7 小时以内，并且彝良积极参加旅游推介会，推广旅游产品，不断拓宽彝良的旅游市场。

第三节　食品安全与健康

问题

2002 年底，中国广东等地出现了多例原因不明、危及生命的呼吸系统疾病。随后，越南、加拿大等国家也先后报道了类似病例。世界卫生组织将此类疾病命名为“严重急性呼吸道综合征”（SARS）。

SARS 冠状病毒是造成 2002—2003 年 SARS 暴发的病原。已有的流行病学证据和生物信息学分析显示，野生动物市场上的果子狸是 SARS 冠状病毒的直接来源（图 5-3-1）。在中国尤其是南方，特别是在云贵高原及两广（广东、广西）地区，果子狸常被食用。随着人类利用和改造自然能力的扩大，一些原来只在动物中流传的疾病，如疯牛病、禽流感等，也开始威胁到人类的健康，进而威胁到人类的可持续发展。

图 5-3-1　果子狸

彝良有类似这样的问题吗？怎样才能保证食品的品质安全，把彝良真正打造成为绿色、健康、宜居的好地方？

一、食品安全的概念

食品安全有两个公认定义，一个是指无论何时都能为所有民众提供维持身体健康和积极生活的充足、安全和营养丰富的食品；另一个是指对身体没有毒害，符合应该有的营养要求，对人身体健康不造成任何急性、亚急性或者慢性危害的食品。

总体来说，食品安全必须具备两个标准，一是食品必须是无毒无害的，二是食品营养要符合人类的需要。

二、“三位一体”的食品安全模式

俗话说：“国以民为天，民以食为天。”如果食品不安全，民将受害，国将受损，所以必须做到“食以安为先”。“三位一体”是指家庭、学校、企业三方面共同作为社会的主体，是社会食品安全的保障，缺一不可。

知识窗

**云南吃野生菌中毒死亡人数超过新型冠状病毒肺炎？
数据显示：是真的！**

据报道，一则“2020 年上半年云南吃菌中毒死亡人数超过云南省患上新型冠状病毒肺炎死亡人数”的消息引发网友热议。

2020 年 7 月 25 日，云南省卫生健康委发布消息：从 2020 年 5 月至 7 月 20 日，云南省已发生野生菌中毒事件 273 起，12 人死亡。与上年同期相比，中毒起数下降了 33.90%，发病人数下降了 35.64%，死亡人数减少了 17 人，并累计成功救治中毒患者 2 000 余人。而根据疫情实时大数据报告，截至 2020 年 8 月 1 日，云南省累计因新型冠状病毒肺炎死亡的病例为 2 例，这个数字远低于 2020 年上半年菌类中毒死亡人数。

为降低误采误食野生菌中毒事件的发生率，减少死亡率，云南省卫生健康委员会采取了一系列防控措施（图 5–3–2）。

云南省野生菌中毒防控宣传
采摘篇
野生菌防控要点“三个不”：
不采摘、不买卖、不食用自己不熟悉的野生菌。
野生菌采摘要点“三个一定不”：
生长在阴暗、潮湿、肮脏地带的野生菌一定不要采；
颜色鲜艳、形状怪异、菌盖上有疣突物的野生菌一定不要采；
有浓稠分泌物，且呈赤褐色的野生菌一定不要采。
各级人民政府，特别是乡镇人民政府、村委会要采取切实有效的宣传措施，加大野生菌中毒防控教育力度。
采摘需谨慎
辨识更重要
云南常见毒菌(一)
不采摘 不收购 不加工 不食用
致命鹅膏(白罗伞) Amanita exitialis
亚稀褶红菇(火炭菌) Russula subnigricans
条盖盔孢伞 Galerina sulciceps
黄盖鹅膏(黄罗伞) Amanita subjunquillea
灰花纹鹅膏(麻母鸡) Amanita fuliginea
云南省人民政府食品安全委员会办公室 宣

云南省野生菌中毒防控宣传
集贸市场篇
各级市场监管部门要结合“管集市”专项行动，加大农（集）贸市场、野生菌交易市场的监管力度，市场开办者要严格落实食品安全主体责任，严防来历不明的野生菌上市销售，把好野生菌市场准入关。
管好集贸市场
不让有毒野生菌上市销售
云南常见毒菌(二)
不采摘 不收购 不加工 不食用
毒沟褶菌(小白菌、蝴蝶菌) Trogia venenata
花褶斑褶菇 Panaeolus sphinctrinus
绿褐裸伞 Gymnopilus aeruginosus
黄色丝盖伞 Inocybe caroticolor
假褐云斑鹅膏 Amanita pseudoporphyria
云南省人民政府食品安全委员会办公室 宣

云南省野生菌中毒防控宣传
餐饮服务篇
预防野生菌中毒，餐饮经营主体应做到“三个要”：
要严格把好野生菌采购关，不得购买加工出售有毒和不熟悉的野生菌。
要严格执行漂水煮漂、炒熟煮透等安全的烹调加工方法，并留样备查。
要建立野生菌中毒应急预案，熟悉和掌握处置方法，确保消费者食用安全。
履行餐饮经营主体责任
确保消费者食用安全
云南常见毒菌(三)
不采摘 不收购 不加工 不食用
黄鳞鹅膏 Amanita subfrostiana
褐点黄粉末牛肝菌 Pulveroboletus brunneopunctatus
方形粉褶菌 Entoloma quadratum
新苦粉孢牛肝菌(苦马脚) Tylopilus neofelleus
红托鹅膏(红满天星) Amanita rubrovolvata
云南省人民政府食品安全委员会办公室 宣

云南省野生菌中毒防控宣传
食堂篇
学校食堂（含托幼机构）、单位食堂、建筑工地食堂、旅游景区供餐单位、养老机构食堂、医院食堂、农村集体聚餐和会议集体用餐等重点单位原则上不得加工食用野生菌，严防群体性中毒事件的发生。
提高食品安全意识
严防群体性食物中毒
云南常见毒菌(四)
不采摘 不收购 不加工 不食用
毒红菇 Russula emetica
东方桩菇 Paxillus orientalis
赤脚鹅膏 Amanita gymnopus
簇生黄韧伞 Hypholoma fasciculare
残托鹅膏 Amanita sychnopyramis
云南省人民政府食品安全委员会办公室 宣

图 5-3-2　云南省野生菌中毒防控宣传海报

三、幸福健康新彝良

保卫食品安全需要法律约束、政府重视、民众参与，大体涉及三个主体：居民消费者、食品生产者和产品质量监管者。他们各自的义务和责任分别是消费健康意识提升、生产意识转变、监管意识力度加强。

（一）健康意识和行为提升

健康的意识与观念伴随着我们日常生活的方方面面，我们更应该关注健康小知识，提升个人对于健康生活的认知水平。

探究 5-3-1

你认为下列关于食品安全与健康的说法对不对？

1. 喝“千滚水”会造成亚硝酸盐中毒	6. 聪明的孩子都吃素
2. 服用维生素 C 补充剂能预防流感	7. 生吃鱼胆能清肝明目和消火
3. 食物清洗变色是添加了人工色素	8. 奶、蛋与肉类是最有效的健康杀手
4. 吃西瓜可感染 H7N9 病毒	9. 喝蒲公英茶可以祛肝毒治肝炎
5. 喝荷叶茶可快速减肥	10. 只吃蔬菜水果可以减肥

知识窗

真相揭秘

科学真相 1　反复煮沸的饮用水中亚硝酸盐会有所增加，但人体正常饮水量不会引起亚硝酸盐中毒。

科学真相 2　维生素 C 又称抗坏血酸，广泛存在于新鲜蔬果中，有实验发现其具有缓解感冒症状的作用，但临床疗效尚未证实，其可预防流感没有科学依据。

科学真相 3　在日常生活中看到的食物变色、褪色现象，基本都是天然色素不稳定或溶解造成的。

科学真相 4　H7N9 是可能导致人类感染禽流感病毒的常见亚型之一，但实际上人类感染禽流感非常罕见，也不会通过新鲜、干净的水果（如西瓜等）传播。

科学真相 5　荷叶茶的相关研究尚停留在动物实验层面，尚未有严密科学的人体实验证据，其对不同人群的安全性也有待验证。

科学真相 6　尚无科学证据表明“膳食结构与智力发育之间有关联”。如无专业营养人员指导，简单从儿童餐单上去除所有动物性食品，极易造成营养不良而影响学习能力。

科学真相 7　生吃鱼胆治病无依据，滥用中毒案例时有发生。

科学真相 8　任何食物过量食用都可能带来不利影响。奶类含有丰富的钙，肉类含有血红素铁，肉、蛋、奶均可提供丰富的优质蛋白和多种维生素，适量食用有利于保持人体营养充足状态。

科学真相 9　蒲公英为药食两用物质，但蒲公英茶尚不能起到治疗的作用。

科学真相 10　长期以蔬果为膳食主体，谷物、豆类、肉、蛋、奶等食物食用过少，极易造成蛋白质、必需脂肪酸和部分微量营养素摄入不足，导致营养不良，肌肉流失，代谢率下降。

（二）生产意识与行为转变

食品生产经营者是食品安全第一责任人，因此提高食品安全水平，归根到底要通过规范食品生产经营活动、提高食品生产经营者的管理水平来实现。

食品产业链长，涉及环节多，从田间地头、车间柜台到厨房餐桌，环环相扣，哪一环出现漏洞，都有可能让投机者钻空子，殃及上下游的食品安全。食品生产经营者，特别要把好产地环境安全关、农药兽药使用关、食品加工质量关、餐饮服务安全关，让食品安全风险在层层把关中彻底消除，用食品安全信誉塑造良好的品牌形象。

（三）监管意识和行为加强

政府作为食品安全的监管者和把关者，需要落实食品安全法律法规，加强监管部门联合执法，发挥好政府在食品生产过程中的监管作用。建立健全食品生产过程的产地和流程的记录体系，以便于及时追溯食品问题根源。

作为食品安全的消费者，彝良人民应提升消费者的维权观念，发挥群众的监督作用。如果身边发生食品安全问题（如食品变质、使用地沟油等），应及时向相关部门举报。

总之，建设幸福彝良，走健康生活之路，需要各方的共同努力。

活动 5-3-1　安全健康在行动

1. 家庭食品安全“知道 – 知做”活动。

（1）查资料回答家庭食品安全五注意。

（2）怎样知道你购买的食品是安全的?

（3）调查你家一日三餐的食物来源、储藏等方面是否安全，请向父母和亲戚朋友做宣传，进而改善不安全行为。

2. 制作手抄报，宣传安全健康小知识。

要求：（1）题目自拟；（2）图文并茂；（3）内容清晰明了；（4）展示时空：班会、家长会、社区等自选。

参考答案

第一章　环境的状况与改变

第一节　自然环境

问题

上图和下左图是彝良的自然景观。自然环境总特点：地形崎岖；垂直气候；降水不均易旱；植被覆盖率不高，森林、竹林、药材等资源丰富。

活动 1-1-1

1. 可以选择中国地图、云南地图、昭通地图、彝良县地图等不同尺度的地图，从相对位置、绝对位置等方面描述。例如，彝良位于中国西南边陲云南省，隶属昭通市，其东南西北分别与镇雄、威信、贵州威宁、赫章、昭阳、大关、四川省相接。我家位于龙街乡银厂坡村……

2. 例如，云南省昭通市彝良县东正街 ×× 号。

活动 1-1-2

1. 略。

2. 南部地势险峻，坡度大；东部较平坦；北部边缘斜坡地带，山峰林立，峡谷遍布。总体来说，地势由西南向东北倾斜，高差悬殊大，大部分地区被河流切割成侵蚀山地，最高海拔 2 780 米，最低 520 米，分为河谷、二半山和高山 3 种地貌类型。

活动 1-1-3

1. 略。

2. 河长是包干河道治理和保护的第一任责任人，担负对属地治理工作责任主体的指导、协调和监督职能。主要职责有：①开展河道排污口和污染源等的摸排工作，掌握污染水体的工业点源、农业面源和生活污染源总量构成及分布状况，及时掌握群众举报，进行水质考核，完善对沿岸新增排污口早发现、早处理、早封堵的工作机制；②制定一河一策，指导和督促属地责任主体采取综合治理的各项措施，由河及岸追溯源头，倒逼产业准入转型升级、管网建设、污水收集等各项治理工作环节落实到位；③协调解决好实际困难，建立现场巡查、信息交流等工作制度，随时掌握河道治理工作进展及遇到的困难和问题，强化横向和纵向协调职能，积极发挥桥梁和纽带作用；④积极开展河道疏浚、绿化养护、渔业资源管理等水生态修复措施，强化河道保护和水利设施的日常维护，加大对河道河岸保洁质量的督促和考核等。

探究 1-1-1

彝良县气候差异大，垂直差异明显，总的属亚热带季风气候。但从河谷到高山区可细分为中亚热带、北亚热带、南温带、中温带、北温带 5 个气候类型，彝良县低矮河谷地区高温少雨，日照较多；高寒山区多雨潮湿，日照较少。年平均气温 13.4℃，多年平均降水量 960.7 毫米；相对湿度 72%；日照 1 320.3 小时。主要受纬度位置、地形和大气环流的影响。

活动 1-1-4

1. 有逻辑即可，示例图如下。

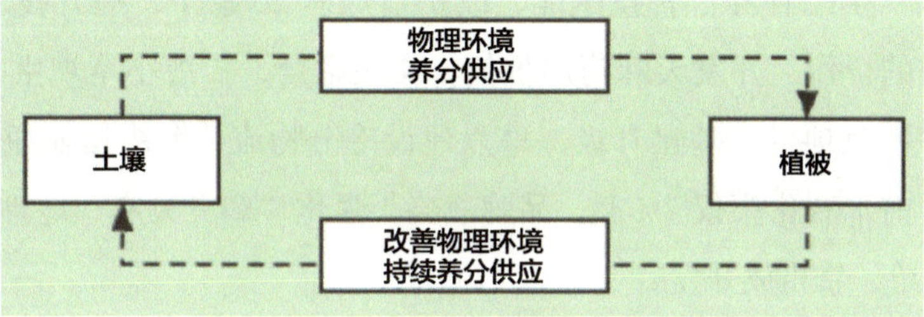

2. 乔木林、经济林、竹林等产值较高的资源林面积在扩大，疏林地、灌木林地、无林地、非林地等面积在减少。

以竹林为例，竹子具有生活价值、经济价值、生态价值。竹材不仅可以用作造纸、竹地板，也可以用作编制手工艺品、山区农业生产生活用具等；竹子可以作为园林观赏竹栽培；竹笋因其丰富的营养价值可以制作成药材和食材，增加农民的收益；竹林在彝良县高山峡谷区，具有蓄水保土、改善生态环境的功效。

发展措施：①保护现有资源，扩大竹林面积；②创建龙头企业，开发深加工产品；③加快基础设施建设，提高规模经营效益；④加强宣传，提高知名度。（言之有理即可）

第二节　行政沿革

活动 1-2-1

1.（1）资源收益情况

土地资源：特色种植，如核桃（1.85 亿元 / 年）、花椒（1.25 亿元 / 年）替代传统马铃薯种植（0.52 亿元 / 年）；养殖升级，生猪、山羊等高附加值项目激活荒草地资源。

水能资源：开发 34.7 万千瓦（总量 86.8 万千瓦），年发电 19.4 亿度，“十三五”期间新建 10 座水库，解决历史性缺水矛盾。

生物资源：天麻产业支柱化，年产值 13 亿（占生物资源 70%），建成交易中心、精深加工厂等全产业链，竹笋产业（1.48 亿元 / 年）、生态旅游等多元开发。

（2）开发条件评估

优势：独特资源禀赋，如天麻地理标志、水能潜力大等；产业基础方面为已形成“一园五区”工业布局；政策支持方面为获 6 家知名企业投资（如好医生）。

挑战：技术短板是贫矿利用率低，2005 年前无 110kV 变电站；生态风险是传统线性开发曾致污染。

可持续发展建议：循环经济，推广“铅锌碳素产业区”共生矿利用模式；发展“猪 – 沼 – 果”生态种养；科技赋能，改扩建煤矿 20 余个，提升技术，深化与中国医学科学院的合作，开发天麻药用价值；文旅融合，扩展小草坝生态旅游区，建设天麻小镇等特色项目；基建升级，重点建设冷链物流，解决运输瓶颈，持续完善电网水利（当前水利化率仅 7%）；品牌战略，强化“彝良天麻”地理标志，建立资源开发负面清单，禁粗放开发。

2. 略。

第二章　人类的生存与繁衍

第一节　资源利用与转变

问题

由单一种地，改变为种地、务工等多种生计。

活动 2–1–1

1. 有可观收益。

开发的有利条件：①彝良县属于亚热带季风气候，全年降水较多；②全县河流众多，有洛泽河和白水江两大过境河及众多支流，水系庞大；③全县以山地、河谷相间分布，地势落差较大，水能资源丰富；④周边地区对水能的需求量大。

不利条件：①地处偏远，地形崎岖，交通不便；②生态环境脆弱，地质灾害多发；③经济落后，资金短缺。

可持续发展建议：①坚持“人地和谐”，处理好“发展”与“环境”之间的关系；②以水电业带动相关产业的发展；③强化政府对环境的管理；④做到水电规划的科学性及合理性，建立统一的移民管理体制。

2.

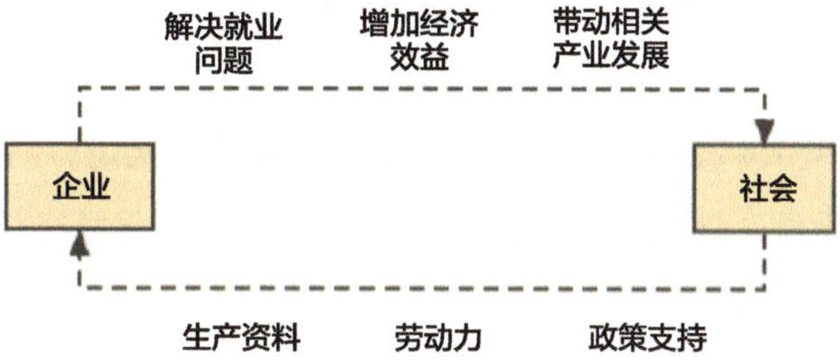

活动 2-1-2

1. 坚持使用纸质吸管，拒绝塑料吸管。

2. 变废为宝，红酒箱当小茶几或置物架。

3. 追求极简的生活方式。

4. 共享生活方式进社区，共享单车、共享充电宝等。

5. 海绵城市，避免城市内涝。

6. 自备水壶、水杯。

7. “光盘”行动，减少食物浪费。

8. 在家或在学校出门要顺手关灯，家中的普通灯泡换为节能灯泡。

9. 旧物流入跳蚤市场等。

10. 多参加学校组织的植树节、清理校园垃圾等活动。

第二节　人口及其变迁

问题

彝良县不是少数民族自治县。

探究 2-2-1

彝良县人口分布不均匀，随海拔高低呈规律性变化。河谷多，山地少；县城多，乡村少。人口分布受地形、气候、矿产资源、城镇化水平、交通条件影响。（言之有理即可）

活动 2-2-1

1. 彝良县的人口金字塔属于增长型。判断依据：由图可知，彝良县青少年人口比重较大，老年人口比重较小，人口金字塔形状呈三角形，底部宽顶部尖。

2. 人口结构特点：

（1）性别结构：女性人口少，男性人口多；

（2）年龄结构：年轻人多，适龄劳动力丰富；

（3）城乡结构：农村人口多于城市人口。

3. 彝良县增长型人口金字塔表明彝良县现有劳动力充足，后备劳动力充足，现阶段必须提高教育质量，使人口“数量红利”变为人口“质量红利”，才能为社会经济发展提供充足的人力资源。

活动 2-2-2

1. 略。

2. 扶贫搬迁作为土地贫瘠、资源匮乏、环境恶劣等产业发展条件不足的地方扶贫的一种方式，有效解决了“一方水土养不起一方人”的弊端。然而，易地扶贫搬迁并非“一搬了之”，在“挪穷窝”的同时要让百姓“留得下、换旧业、能致富、拔穷根”，不断夯实脱贫根基。（言之有理即可）

活动 2-2-3

1.“家人归巢”指本乡人不离开本地，外出人口返乡安居乐业的现象。做到“家人归巢”，有利于补充劳动力资源和智慧服务建设家乡。

措施建议：①加大对返乡年轻人的各种补贴和奖励，确保务农人员待遇与地位的提高。②改善农业生产经营条件，营造乡村和谐的投资环境和人居环境。

2. 利：减轻了家乡人口压力，缓解当地人地矛盾，短期内有利于迅速提高家庭经济收入，保护生态环境。

弊：青壮年劳动力外流，农村空心化严重，孤寡老人、留守儿童等社会问题严重，不利于下一代子女的教育，进而导致贫困代际传递。

第三章 产业建设与品牌打造

第一节 产业建设

活动 3-1-1

时间	收入来源	家庭情况
2013 年之前	种植马铃薯、玉米、水稻，养殖生猪	除去生活开支没有余钱
2013 年之后	保持原有种植种类，额外种植果蔬，养殖生态河鱼与黑山羊。儿子工作收入	有存款

家庭生计方式改变，作物种植多样化；政府为其提供职业技术培训，全家劳动素质提高，就业机会增多；生产产品经统购统销有稳定市场保障。

活动 3–1–2

1. 相同之处：依据四季气候、不同生物的生长习性、空间的多层次利用等，合理布置农林牧副渔。不同之处：种植的经济作物与农作物不一样；地形条件不一样，彝良是高寒地区，千烟洲是丘陵地区，比彝良要优越一些。

2. 充分利用草场、林场的丰富资源，大力发展反季节的水果、蔬菜，独特的中药材，以及干果加工特产等各具特色的产业，采用成片规模化发展的模式，形成区域性生态农业特色产业链条，以绿色有机农产品生产、农产品深度加工包装、集约化经营为主要模式。（言之有理即可）

活动 3–1–3

1. 见下图。

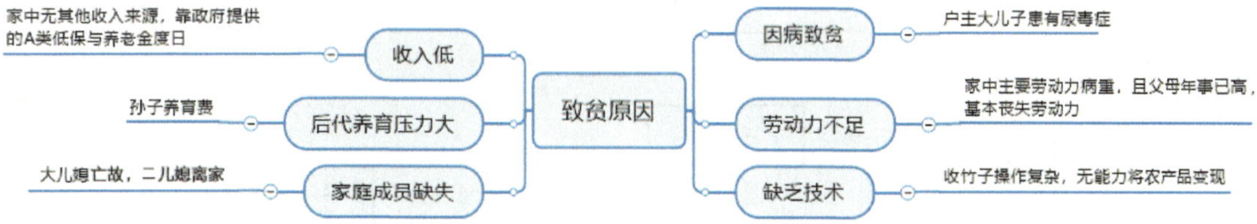

2. 略。

探究 3–1–1

第一产业比重持续减小，2018 年下降幅度明显增大；第二产业比重缓慢平稳增长；第三产业比重整体呈上升趋势，2018—2019 年增速明显上升。

希望第一产业发展的原因：第一产业是国民经济基础，只有第一产业足够发达，第二、第三产业才有发展的基础。因为第一产业关系着国计民生，没有农林牧渔，人民就会缺衣少食，自然就没有办法发展第二、第三产业。

希望第二产业发展的原因：工业承担着繁荣市场、增加出口、扩大就业、服务“三农”的重要任务，是国民经济的重要产业，在经济和社会发展中起着举足轻重的作用。

希望第三产业发展的原因：第三产业发展水平的高低是衡量一个国家和地区经济发展水平的重要标志，是推进经济结构调整、加快转变经济增长方式，走资源节约、环境友好型发展的必由之路。

第二节　打造品牌优势

问题

国家惠农政策支持；引进外来先进技术；“小草坝天麻”良好的品牌效应及推广；种植面积扩大；小贾积极总结失败经验、艰苦奋斗的精神品质。

活动 3-2-1

1. 略。

2. 略。

探究 3-2-1

1. ①具有适宜竹子和辣椒生长的自然条件。②有龙头企业带动发展。依托高校技术开发，产品加工技术成熟。③政府大力支出，与当地扶贫事业捆绑，得到乡民支持，农产品来源稳定。

2.

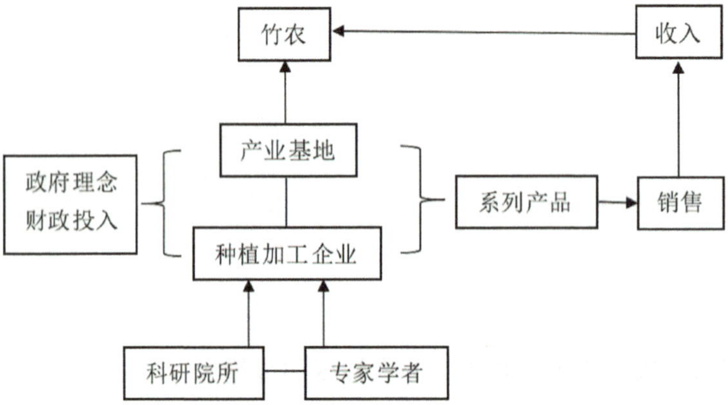

3. 略。

第四章　灾害与防治

第一节　地质灾害

问题

彝良县经常发生地震。地震发生时我们可以躲在桌子下面，去能构成三角的稳定区。平时多认真观察动物行为的变化等可以预测地震的发生。

探究 4-1-1

彝良位于我国西南部，云南省地处亚欧板块与印度洋板块交界处，板块运动给云南地质运动带来巨大影响。彝良县位于云南省东北部，处于云南省马边大关断裂带区域、马边—大关地震带上，受板块运动的影响，导致地震频发。

活动 4-1-1

略。

活动 4-1-2

略。

第二节　水旱灾害

问题

左图是水井，具有取水功能；右图是水窖，主要作为水的储存器，以供生产生活使用。

活动 4-2-1

1. 防渗工程：为了减少渗漏，提高渠系水利用系数，节约灌溉用水；灌区工程：主要提供生产用水，如种植业灌溉、养殖业用水等；水库：主要发挥蓄水、储水功能，提供生活、生产用水。

2. 除了供人畜饮用，还可以浇灌农田，起到蓄水保土的作用。（绘制简图略）

第三节　主要病虫害

活动 4-3-1

高羊茅是一种抗病虫害能力强的草坪植物。它种植方式简单，正常播种、浇水、施肥即可，而且适应能力很强，能耐盐碱、耐贫瘠，对土壤环境要求不高，又耐踩踏、抗病虫害能力强，后期很容易管理。

第五章　人居环境畅想与建设

第一节　城镇与乡村

问题

乡村人口稀少，以农业生产为主要经济基础，人们的生活基本相似，而与社会其他部分，特别是城市有所不同。

活动 5–1–1

例：官房村隶属彝良县荞山乡官房村委会，位于云南省昭通市彝良县荞山乡，东邻海子乡，南邻安乐村，西邻荞山乡，北邻镇雄县细砂河，到乡道路为土路，交通方便，距彝良县 47 公里。村寨位于两山之间的山谷地，聚落布局依山势而建，居民点沿着主要道路两侧自由布局，较窄的地域单侧排布，较宽的地域两侧集中排布，总体来说，居民点较为集中，随村的主干道依次排开，疏密有秩，形成带状的小组团集聚形态。

带状集聚型的官房村在彝良县山区是最典型的乡村空间布局。官房村是该行政村村委会所在地，相对于其他自然村，具有一定的商业、行政和教育的功能，带状型的布局使其结构较为简单，村庄生产生活空间沿主要道路呈带状分布，基本形成线状居住空间。

活动 5–1–2

说服家人，按照国家相关部署要求实行火葬。说服提纲：①真诚颂扬爷爷毕生对国家、对社会、对家庭的贡献，表示我们要为今天的好日子继续努力；②简要说明彝良县在土地利用过程中面临的突出问题是保护耕地与保障发展间的巨大矛盾；③说明“殡葬改革”对彝良县土地利用的意义，以及政府要求公务员带头从我做起的规章制度。

第二节　休闲活动与旅游

活动 5–2–1

1.（1）通过各种途径接触到了赌博，又通过参与其中获得心理上的满足感，抑或赌博紧张的环境刺激使其产生兴奋和渴望感，进而逐步形成病理性赌博。（2）心理学因素：通过赌博获得的刺激感，使其逃避其他方面的压力。（3）社会学因素：部分人所处的生活环境中参与赌博的人较多，导致其受环境影响参与赌博，且对赌博的认知较为片面。（4）文化因素：某些赌博形式为社会所接受，“合法”经营的赌博机构或赌博发起者，大肆宣传赌博是一种投资行为，可以为参赌者增加收入等，这些都强烈地吸引人们参赌，并逐渐导致病理性赌博行为的发生。故社会环境成为赌博的主要的客观因素。

2. 读书、旅游、看电影等。小草坝、牛街、罗炳辉纪念馆等。（言之有理即可）

探究 5-2-1

彝良县旅游业有发展潜力。（1）交通区位优势，辐射范围广。距昭通市区 71 千米，距昆明 413 千米，距成都 455 千米左右，距贵阳 452 千米，地处周边旅游带的辐射范围，随着云南省南北高速公路大通道、宜昭高速、西南出海大通道、彝牛二级公路等建设，未来交通区位优势将显著提升。（2）资源丰富，特色突出。彝良县作为将军故里和“天麻之乡”，红色文化和天麻文化底蕴深厚，资源丰富。（3）政府大力支持，开发条件优越。（4）基础设施完善，接待能力强。

开发旅游资源应从地理位置、旅游资源价值、交通条件、客源市场、政府政策等方面考虑。

活动 5-2-2

第一天：

乘车去小草坝，吃天麻土鸡，观十里花溪，赏山间美景，看各类表演，品山茅野菜，远离城市喧嚣，享受氧吧之乐（游客服务中心—迎客瀑—望夫瀑—佛光瀑—环河磐石—银河飞瀑）。

第二天：

上午牛街逛古镇，吃牛街桐子叶粑粑；下午返回彝良县参观罗炳辉将军纪念馆，感受从奴隶到将军的人生历程；晚上吃一吃彝良特色小吃，沿着渔湖大道散个步，认真看一看彝良的夜景，体会这个城市的温度。

活动 5-2-3

略。

第三节　食品安全与健康

问题

有。保障食品安全需要做到：①消费者要提升食品安全意识，如在购买食品时要三看——看生产日期与保质期、看原料成分、看使用说明。②生产者生产意识与行为转变，安全加工与生产，诚信为本，现代化作业。③社会监管者加强质量检测与监督，切实保障人民的生命安全。（言之有理即可，可以从微观和宏观角度分析，把握主体与对象）

探究 5-3-1

不对。通过知识窗去获取科学真相，提升自己的意识，向家人同学作宣传，减少误解。

活动 5-3-1

1.（1）五注意：使用安全的水和食物原料；保持清洁；生熟分开；彻底加热食物；科学保存食物。家庭食品安全保证“五注意”，健康安全保障就有了基准线，从而实现在家庭生活中享受健康安全的生活品质。

（2）可以从生产日期与保质期、原料来源、使用方法等方面加以回答。

（3）可以记录家里的食物储藏方式，学习相关知识，做成一张食品安全卡，向亲戚及父母宣传。

2. 略。